世界的风景，就在我们眼中。

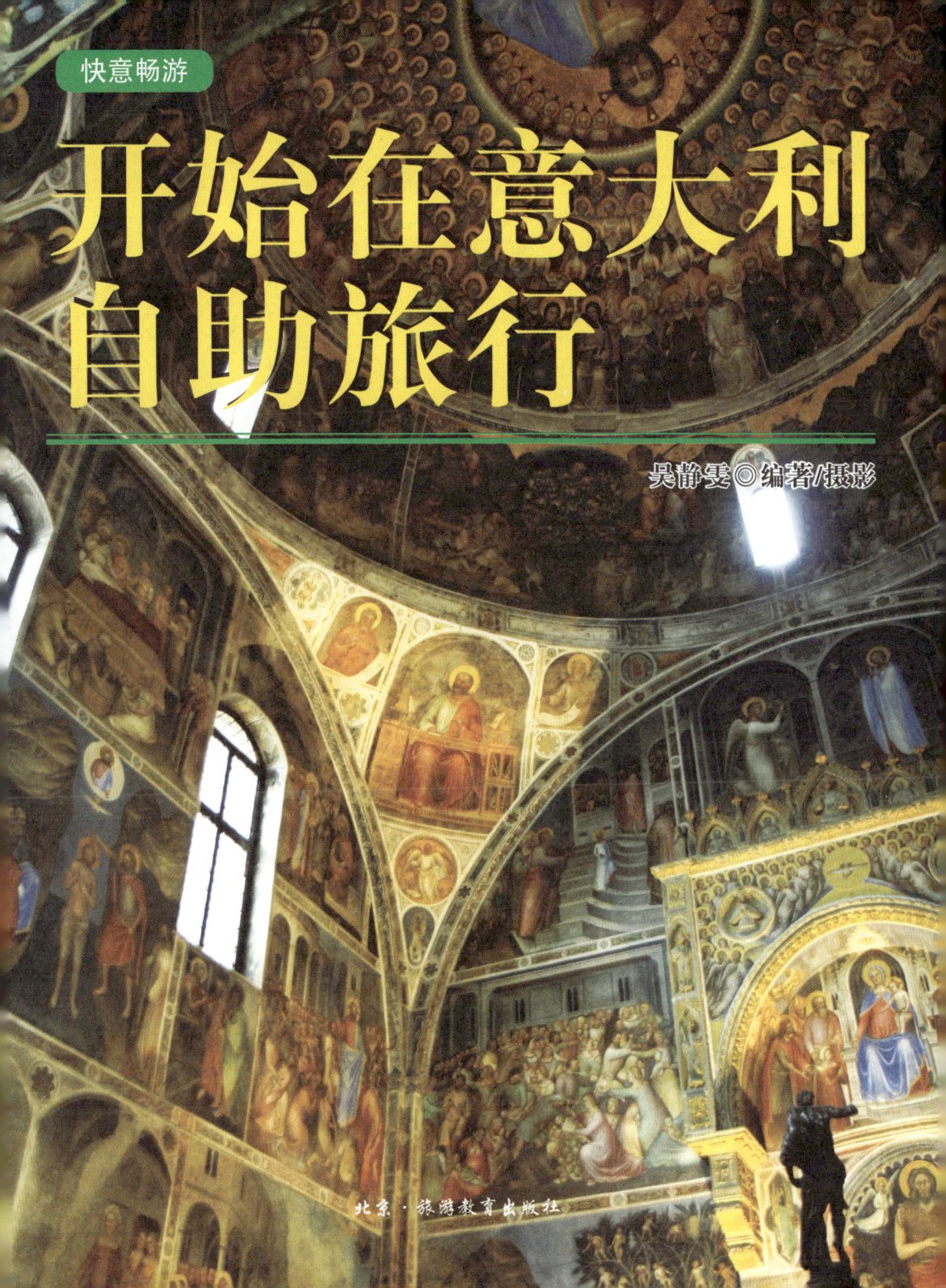

快意畅游

开始在意大利自助旅行

吴静雯 ◎ 编著/摄影

北京·旅游教育出版社

北京市版权局著作权合同登记图字：01-2014-1948
策划编辑：陈凤玲
责任编辑：陈　志

图书在版编目（CIP）数据

开始在意大利自助旅行 / 吴静雯编著、摄. — 北京：旅游教育出版社，2015.1
（快意畅游）
ISBN 978-7-5637-3091-9

Ⅰ. ①开… Ⅱ. ①吴… Ⅲ. ①旅游指南—意大利 Ⅳ. ①K954.69

中国版本图书馆CIP数据核字（2014）第307890号

《開始在義大利自助旅行》
中文简体版©2014由旅游教育出版社发行
本书由台湾太雅出版有限公司通过安伯文化事业有限公司授权旅游教育出版社在中国大陆独家发行中文简体字版本。
非经书面同意，不得以任何形式任意重制、转载。

开始在意大利自助旅行（快意畅游）

吴静雯　编著／摄影

出版单位：	旅游教育出版社
地　　址：	北京市朝阳区定福庄南里1号
邮　　编：	100024
发行电话：	（010）65778403　65728372　65767462（传真）
E-mail：	tepfx@163.com
排版单位：	北京旅教文化传播有限公司
印刷单位：	北京利丰雅高长城印刷有限公司
经销单位：	新华书店
开　　本：	787毫米×960毫米　1/16
印　　张：	9
字　　数：	132千字
版　　次：	2015年1月第1版
印　　次：	2015年1月第1次印刷
定　　价：	35.00元

（图书如有装订差错请与发行部联系）

◎ 编者语

自己规划意大利旅行，从此变得很简单！

意大利，这双美丽的长靴，
无疑是世人一生中最渴望前往的地方之一。
对于这样一个梦幻国度，
自助旅行是最能贴近她的旅游方式，
看艺术古迹、看美丽橱窗、
看设计感小店、看人们悠闲过生活……
看不完的生活面向，如果能有双手双脚力行，
或许能稍稍贴近一点吧！

终于，有这样一本告诉你
"如何在意大利自助旅行"的书面世了！
如果你想尝试自助旅行，且准备到意大利，
这本书正是你需要的。从出发前的基本认识，
到搭机、出机场、各大城市交通、住宿、
饮食、打电话、邮寄等，通通包含在这本
图文并茂的浅显小书里。

作者几乎大小资讯都为读者设想到了，
告诉你意大利人无法承受太复杂的东西，
所以只要买一张车票，就能搭各种交通工具，
甚至告诉你意大利老式电梯怎么搭、
楼层怎么算，种种资讯希望有助你安排行程。
祝，一路顺风！

「游意大利铁则」

☑ **进门,请大声说Ciao!**
理由:热情的意大利人习惯踏进商店或餐厅时,看着对方简单地道声"早安"(Buongiorno)或"下午好"(Buonpomeriggio)或"晚上好"(Buonasera)或是一句万用的"Ciao",无论是见面或再见都行。

☑ **意大利人爱罢工,为自己争取权利!**
理由:意大利人罢工情况相当频繁,其中以公交运输的罢工对游客影响最大。不过照法律规定,市区交通即使罢工的话,也应在最早班08:45及15:00~18:00期间营运(火车06:00~09:00,18:00~21:00),以便大众上下班。

☑ **意大利人吃冰激凌,全民总动员!**
理由:意大利冰激凌好吃的程度,足以让意大利男女老少毫不在意自己的形象,大方地舔着手中的冰激凌。

☑ **餐桌礼仪丢一边,吃饭我最大!**
理由:民以食为天,意大利人更是奉此则如皇上,什么欧洲人讲究的优雅都可先放一边,吃得高兴、过瘾,才是最重要的。(当然,在不打扰到别人的程度内)

☑ **省钱喝咖啡,请立正站好!**
理由:坐着喝咖啡绝对比站着喝还贵,若要省钱,请到吧台跟当地人挤个位置吧!冰激凌也是一样喔,带着走比坐下来店家用美美的杯子装冰激凌还便宜!

☑ **火车站,请到古城外1~2公里找!**
理由:火车对古老的意大利来讲,绝对是现代产物,所以火车站不可能出现在正古城区中,一定是盖在距离古城区外1~2公里处。一般由火车站到市区步行20~30分钟,不行也可搭市区公交车。

☑ **意大利人就爱老古董!**
理由:意大利不但有许多千年古遗迹,就连路上都可以看到许多古董车。电梯用的是旧式电梯,门得自己开关。而3C用品,更是不要有过多的期待。

☑ **擤鼻涕声大如吹喇叭!**
理由:意大利人擤鼻涕时都会拿着卫生纸如吹喇叭般地大声擤。

☑ **意大利老人多,暖气无比强!**
理由:意大利老人多,冬天室内暖气都开得很强,若是穿卫生衣裤的话,可能只有冒汗、难熬的份了。

☑ **小心抱小孩、黑瘦穿花长裙者!**
理由:在罗马街道最常见黑黑、穿着花长裙、穿凉鞋还穿袜子、绑马尾、抱着或推着孩子的吉普赛人,他们可是恶名昭彰的神偷。当他们靠近时,请大声地说Via!!走开!

☑ **精品名牌，排排站！**
理由：各城市的购物区都会集中在同一区或同一条街道，各大精品名店排排站任你挑，简直就是个平面式的百货商场。

☑ **意大利男生怎么戴太阳眼镜**
理由：很多意大利男生到室内后，会将太阳眼镜直接挂在额头上，而不是一般常见的挂在头顶，就跟《航海王》里的佛朗基一样啦！

☑ **看雪糕价格，判断当地物价！**
理由：要判断那个城市的物价，看小杂货店的雪糕价钱就对了。若是0.9欧元以下，表示这城市的物价合理；若是1欧元以上，则要小心看好自己的钱包！

☑ **卫生纸，请往马桶丢！**
理由：意大利人如厕后的卫生纸都会丢到马桶中冲掉，可别像在中国丢到垃圾桶中，会吓坏清垃圾的阿姨！

☑ **小车当道！**
理由：意大利古城区的街道都相当小，所以意大利人习惯开小车，大车反而少见。

☑ **意大利随处可见飞车党！**
理由：意大利人除了将热力散发在与人接触上，还淋漓尽致地散发在飞车上，在高速公路或山路开车时，长了翅膀的飞车可是无所不在啊！

◎作者序

欢迎来到意大利，
这个有点美、有点乱的人间天堂……

在一般人的印象里，西欧国家干净、整洁又有秩序，可是意大利人偏偏天生不爱按常理出牌，到意大利，可别期待看到干净、整洁又有秩序！

意大利，可是不折不扣的堕落天堂！

每次有朋友要到意大利玩，我总要苦口婆心地先帮朋友做好心理准备。一直觉得，到意大利，要看的不是有序的交通、不是崭新的现代建筑，更不是整洁的街道，因为意大利的魅力就在于那无序，就在于那随性！

或许，你可以到意大利学人们如何拉大嗓门快乐过生活，如何随性又有设计美感地过生活，又或是如何保存那千年古文物优哉传世代。

到意大利，可以试着和当地人玩在一起、吵在一起，如果能抱持这样的心态，即使身处杂乱无章的波那利，仍然能感受到那里有一群可爱又真性情的人，正在用心地简单过生活！

有了以上种种心理准备，欢迎你，来到意大利这个有点脏、有点乱的人间天堂。

快、乐、过、活！

白天，我努力逛遍意大利大小街道；傍晚，我回到托斯卡纳的山上沿着河边散步；晚上，我认真整理着资料……这本书就这样诞生在意大利最舒服的春天，真心期望这本书能帮助前往意大利的旅行者，轻松舒适地畅游意大利。

特别感谢吴建辉一家舒适又热"闹"的招待，逸辰一家大方地提供各种资讯！

吴静雯

Traveling in Italy

吴静雯，曾在意大利待过两年，细细体验过意大利式的随意岁月；也曾在英国待过一年半，感受过英伦之子的好心肠。回到意大利就像回到温暖的家，早餐往咖啡厅里钻，午餐到市场或者小咖啡馆发现地道的美味，晚餐或是利用意大利食材自己动手做，或是到餐馆品尝意大利厨师的好手艺。意大利在作者眼中，是个永远看不厌、吃不完的地方。著有《开始在意大利自助旅行》、《学意大利人过生活》、《开始到意大利看艺术》等图书。

开始在意大利 自助旅行 10

目 录 CONTENTS

05 编者语
06 游意大利铁则
08 作者序
12 如何使用本书

15

认识意大利
意大利，是个什么样的国家？

16 意大利小档案

23

行前准备
出发前，要做哪些准备？

24 要先搜集资料
28 决定旅行方式
31 要准备的证件
35 要先做的功课

41

机场篇
抵达机场后，如何顺利入出境？

42 认识意大利各大机场
43 如何搭飞机前往意大利
45 如何办理入出境手续
47 如何从意大利六大机场往返市区

57

住宿篇
在意大利旅行，有哪些住宿选择？

58 意大利境内，住宿服务很完善
59 住宿种类
62 如何选择合适的住宿点

63

交通篇
意大利内外走遍遍，该用什么交通工具？

64 意大利境内公共运输系统
79 意大利境外连接他国运输系统
80 意大利市内公共运输系统
82 搭乘公共交通工具

Traveling in Italy

89 饮食篇
在意大利吃什么地道美食?

90 意大利人的一日四餐
91 在意大利用餐须知
93 到哪里找吃的
95 便宜食物哪里找
96 意大利传统美食
98 意大利特色酒类饮料

99 玩乐篇
到意大利,去哪里观光看名胜?

100 观光路线建议
105 意大利必玩景点
109 意大利主题之旅
111 善用套装行程
112 意大利夜生活

115 购物篇
最令人屏息的世界名牌,都在意大利

116 意大利购物现状
117 在意大利购物,注意五件事
118 意大利四大城市购物点
119 如何采购礼物
122 如何办理退税

125 通信篇
在意大利要打电话、上网、寄信怎么办?

126 打电话
129 上网、邮寄

133 应变篇
在意大利旅行,发生紧急状况怎么办?

134 意大利治安现状
135 财物、证件遗失怎么办?
137 生病或发生意外怎么办?
138 内急,想上厕所怎么办?
139 小街头大发现
140 救命小纸条
141 意大利的奇妙景象
142 背包客讨论区Q&A

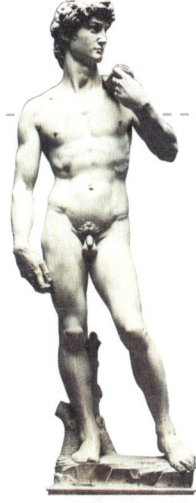

How to use
如何使用本书

这本《开始在意大利自助旅行》是非常实用的自助旅行规划专门书,包括行前准备办签证等证件、认识意大利各机场、了解入出境手续、当地交通、找住宿点、如何退税等,都一一详列清楚,帮大家预想了所有可能发生的情况,并给予清晰指示与解答,相信一定能让你启程前往意大利时,放下不少心,因为该知道的、该做的,都在这本书的导引下完成啰!现在就跟着我们来看图说故事吧!让你知道每一个页面设计,扮演着什么样的功能!

全书分成10个篇章

【认识意大利】告诉你意大利的气候、地理、货币、历史、政治、经济、时差、治安、航程、电压、营业时间等资讯,让你有印象与了解。

【行前准备】本篇提供3大类在意大利旅游的实用网站,并列出意大利法定假日、节庆,办理各类证件、兑换外币等资讯,供你做旅游规划。

【机场篇】从踏出国门的那一刻起,该如何办理搭机、中途转机,抵达意大利该如何办理入出境,通通图文并茂告诉你。还告诉你意大利4个主要机场对外的交通联络方式。

【住宿篇】介绍7种意大利常见的住宿形态,包括:旅馆、民宿、房间出租、青年旅馆、农庄、沙发客、露营区,可依你的预算和前往目的地,选择特色住宿点喔!

【交通篇】意大利南北狭长,本篇列出其境内、连接境外,及四个主要城市市内各种交通方式,就连威尼斯的浪漫贡多拉船也包括其中喔!

【饮食篇】吃,是很重要的意大利文化。本篇先介绍意大利人一天吃哪四餐,再告诉你怎么找吃的,包括高、中、低价位餐饮、传统美食、找便宜食物、吃冰激凌、喝咖啡等。

【玩乐篇】看古迹、赏艺术,绝不能错过意大利这个欧洲文化大宝库。本篇帮你安排北意与南意10日游行程,全意观光14天、21天行程,并列出意大利四大城市(米兰、罗马、佛罗伦萨、威尼斯)不可不看的观光景点、四大主题之旅及夜生活等。

【购物篇】意大利是许多名牌的发源地,本篇列出意大利四大城市购物点,包括:精品店、百货公司、名品折扣中心、跳蚤市场等。此外,还告诉你到意大利买哪些礼品最好,以及该到哪里买。

【通信篇】在意大利,如何打电话、找公共电话、上网、寄包裹、寄明信片,本篇详细告诉你。

【应变篇】旅行时,若财物、证件遗失,或生病、发生意外,都有办法可解决,请见本篇的各种紧急处理办法,还附上列出所有个人资讯与紧急电话的"救命小纸条",可剪下影印使用喔!

Traveling in Italy

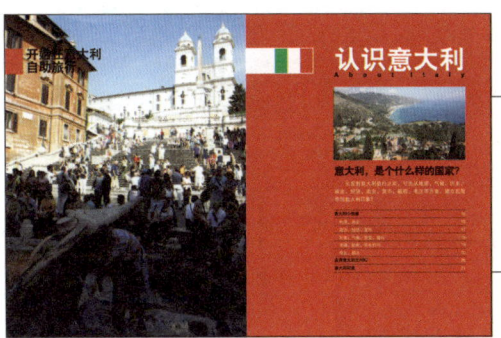

篇
以颜色区分各大篇,让你知道现在正阅读哪一篇

1

单元小目录
每篇开始前,详列该篇包含的主题,一目了然

2

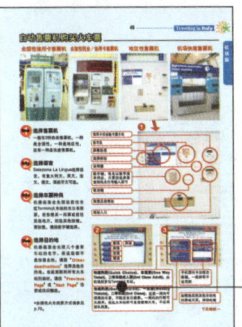

资讯、秘诀小提醒
证件要去哪里办、办证件或买车票有何小秘诀,作者通通在此提醒你

3

标志、机器说明
各种须注意的标志,像是搭车、搭机资讯或买票机器的操作按钮、插孔,都有详细拉线说明

4

文图步骤说明
不管是搭飞机、入出境,或是网络查火车车次,都有文字与图片搭配,清楚说明

5

意大利美食推荐
特色美食、传统美食、街头美食,看看意大利人都吃些什么

6

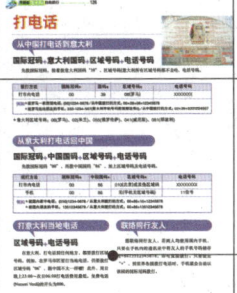

实用资讯整理
旅游网站、节庆假日、什么时间最适合旅行,详细的旅行计划,让你自助行好容易

7

实用生活资讯
怎么打电话,如何寄信、上网,范例、图示清楚说明

8

开始在意大利自助旅行

认识意大利
About Italy

意大利，是个什么样的国家？

出发到意大利旅行之前，可先从地理、气候、历史、政治、经济、治安、货币、航程、电压等方面，建立起简单的意大利印象！

意大利小档案	16
地理、历史	16
政治、经济、货币	17
时差、气候、治安、银行	18
交通、航程、营业时间	19
电压、语言	20
应用意大利文ABC	20
意大利印象	21

意大利小档案

意大利小档案 01

地理 | 全世界都认得的一双长靴

意大利，应该是世界地图中最容易辨认出来的国家，优雅的长马靴一脚踢着落在地中海上的西西里岛，南望非洲，东侧隔着亚德里亚海望向中欧，西侧则有意大利最大岛撒丁岛，西北接法国，北邻瑞士、奥地利、斯洛文尼亚。

意大利北部，以米兰为首，西北较著名的都市为都灵(Torino)、热那亚(Genova)，东北为威尼斯、维罗纳(Verona)，中部则以佛罗伦萨(Firenze)为首，另有博洛尼亚(Bologna)、比萨(Pisa)、锡耶纳(Siena)、佩鲁贾(Perugia)；再往南则为首都罗马，而罗马以南泛称南意，包括那波利(Napoli)、索伦托(Sorrento)、庞贝(Pompeii)，以及最南的离岛西西里(Sicilia)。

- 都灵(Torino)
- 米兰(Milano)
- 维罗纳(Verona)
- 威尼斯(Venezia)
- 热那亚(Genova)
- 博洛尼亚(Bologna)
- 比萨(Pisa)
- 佛罗伦萨(Firenze)
- 锡耶纳(Siena)
- 佩鲁贾(Perugia)
- 罗马(Roma)
- 撒丁岛(Sardegna)
- 那不勒斯(Napoli)
- 庞贝(Pompeii)
- 索伦托(Sorrento)
- 西西里岛(Sicilia)

首都：罗马
面积：约30万平方公里
人口：约5千9百万人
语言：意大利语
宗教：87%的人信仰天主教
货币：欧元

意大利小档案 02

历史 | 1861年，意大利正式统一

意大利最早的文明可追溯到公元前900年，那时中部地区已有伊特鲁里亚人(Etusca)，接着一直到公元前3世纪才由罗马人统一意大利半岛。

罗马帝国衰落之后，北方蛮族入侵，让意大利在接下来的150年间都处于无政府状态。北部的威尼斯、米兰，中部的佛罗伦萨及锡耶纳等城市各自成立独立城邦，不过也由于14—18世纪期间，这些城邦的成功发展，才造就了意大利的贸易与艺术文化蓬勃发展。之后又曾受其他欧洲国家统治，一直到19世纪民族主义席卷欧洲，意大利人才开始如火如荼地展开统一运动，1861年正式统一，并以罗马为首都。

意大利小档案 03

政治、经济 北意富裕，南意贫穷

意大利一直到1861年才统一，1948年成立共和体制。国家元首为大总统，大总统之下则由总理及内阁掌理行政事务。7年一届的内阁总理通常是由众议院多数党领袖担任，而众议院(Camera dei Deputati)的众议员和参议院(Senato della Repubblica)的参议员任期都是5年，以比例代表制由人民投票选出。

意大利全国分为20区，每一区都有独立的自治权。北部是意大利的工商业中心，以米兰、都灵与热那亚为主要城市，波河平原是农业重地。罗马以南即进入南意，南意经济状况较差，南北经济差异悬殊。

意大利小档案 04

货币 1欧元≈8元人民币

意大利货币已由原来的里拉改为欧元，物价也因此上涨许多。欧盟国家虽然均以欧元为流通货币，不过每一国都有自己的货币设计，意大利的货币都是最著名的人物、景点及艺术品。意大利欧元的硬币(Monete)面额分为2元、1元、50分、20分、10分、5分、2分、1分，钞票(Banconote)则分为5元、10元、20元、50元、100元、200元、500元。

1欧元≈8元人民币

1分：1992年被列为联合国世界遗产的蒙地城堡(Castel del Monte)，位于普利亚省

2分：都灵的安托内利亚纳尖塔(Mole Antonelliana)，塔的1楼现为有趣的国家电影博物馆

5分：著名的罗马竞技场(Colosseo)

10分：波堤切利的名画《维纳斯的诞生》

20分：未来派艺术家薄丘尼(Umberto Boccioni)的青铜雕塑

50分：罗马哲学家皇帝奥勒留(Marcus Aurelius)骑马像

1欧元：达·芬奇的人体比例图

2欧元：硬币上的是但丁人像

5欧元：古典建筑 **10欧元**：罗马建筑 **20欧元**：哥特建筑

50欧元：文艺复兴建筑 **100欧元**：巴洛克及洛可可风格 **200欧元**：新艺术风格 **500欧元**：现代建筑

备注：Euro＝欧元．Centimes＝分．1欧元＝100分

意大利小档案 05

时差 | 实施夏时制

夏令时间：3月的最后一个周日到10月的最后一个周日，北京时间减6小时为意大利时间。

冬令时间：10月最后一个周日到次年3月最后一个周六，北京时间减7小时为意大利时间。

时差换算举例

北京时间	意大利时间
09:00	夏季 03:00 / 冬季 02:00
12:00	夏季 06:00 / 冬季 05:00
19:00	夏季 13:00 / 冬季 12:00

意大利小档案 06

气候 | 5、9月，气候温和，最适合旅游

意大利四季分明，春、秋两季容易下雨，早晚温差大，需携带薄外套及围巾。夏季相当炎热，南意可高达35℃～42℃，要注意防晒。冬季时中、北意城市在圣诞节过后到次年2月有可能下雪，但一般来讲下雪天数并不是很长，室内都有暖气，外出要穿、戴、围厚外套、帽子、手套、围巾。8月许多意大利人都放大假，是旅游旺季。5～6月及9～10月气候较舒适，适合到意大利旅游。可先上网查询www.tempoitalia.it。

意大利小档案 07

治安 | 罗马变得更安全了！

一般人总认为意大利治安差，自助旅行不安全，其实只要自己多加注意，不要穿金戴银并看好贵重物品就行。建议携带有内袋的斜背式包包，重要物品放在内袋中，袋子拉链随时拉上，在拥挤的地铁或公交车上将包包斜背在前，有座位就坐下，手放在包包上，小偷的目标通常是漫不经心的游客。

罗马以南治安较差，以罗马来讲乘坐64路公交车时需小心抱着小孩的吉普赛人及肤色较深的外籍移民。不过，罗马近年来治安已改善很多，整体市容和治安好多了，所以游客应该能更安心游玩。

意大利小档案 08

银行 | 开户需付手续费

在意大利银行开户，要先去Ministero delle Finanze取得一个金融税码(numero di codice fiscale)，出示护照、当地电话及地址，才能开户。开户时要付一笔手续费，钱存在银行还要定期扣税金；结束户头时，又要再扣一笔手续费。

主要城市气候比较表

城市	春季(4～6月) 温度 降雨量	夏季(7～9月) 温度 降雨量	秋季(10～12月) 温度 降雨量	冬季(1～3月) 温度 降雨量
米兰	18℃ / 96mm	22℃ / 74mm	8℃ / 108mm	5℃ / 60mm
威尼斯	17℃ / 70mm	21℃ / 60mm	10℃ / 77mm	5℃ / 48mm
佛罗伦萨	17℃ / 68mm	23℃ / 64mm	11℃ / 97mm	8℃ / 74mm
罗马	18℃ / 45mm	24℃ / 33mm	13℃ / 107mm	9℃ / 63mm
那波利	22℃ / 53mm	23℃ / 49mm	13℃ / 137mm	9℃ / 96mm
巴勒莫	19℃ / 25mm	25℃ / 20mm	17℃ / 70mm	12℃ / 54mm

意大利小档案 09

交通 | 外车不能开进古城区

意大利的交通网络相当完善，东南西北都有火车系统，小镇与小镇间若没有火车相通，也一定会有巴士。火车也通往欧洲其他国家，可善用夜班火车。另外，由于意大利是狭长形国家，三面环海，因此有许多港口及渡轮，长途渡轮相当舒服，房间犹如三星级旅馆，内有卫浴设备，也有餐厅、酒吧、游憩室等休闲设备。而在山上的古城，通常会有缆车设备。

北意及托斯卡纳地区相当适合租车旅行，高速公路车速最高速限为130公里，省道速限为110公里，郊区一般道路速限为90公里，市区速限为50公里，要特别注意部分路段有特殊速限。外车一般都不能开进古城区，最好停在外围的停车场。

⁉ 如何看懂意大利地址

意大利的"街"为Via，"大道"为Corso，"广场"为Piazza或Piazzale。在街头及街尾的墙上都会有标示街名的石牌。

有些城市，像是佛罗伦萨，还分为红色门牌号码(数字后面有个r)及蓝色门牌号码(数字后面有个b)，红色为商家门牌号码，蓝色为住家门牌号码。所以同一个号码可能会看到两次。

Via della Spiga, 16
　　街道名　　　　门牌号码

20121 Milano
　邮政编码　　　城市名

意大利小档案 10

航程 | 直飞

国航开通了定期直飞意大利的航班。从北京、上海出发，可以直飞罗马和米兰，飞行时间大约10个小时。也可搭乘法航、荷航、汉莎等其他航空公司航班，经中途转机后前往意大利。

减轻长途飞行痛苦小提醒

乘机到意大利，要飞约10个小时，乘坐经济舱者一般都会觉得很辛苦。建议英文沟通没问题者可要求划位在每个舱座的第一排或靠近安全门的位置，这些座位空间较大；再不然也可选择靠走道的位置，脚可伸到走道上，上厕所也较容易。上机后，可向空服人员多要几个枕头，另外也可购买充气枕垫。上机后脱掉鞋子，可换上袜套或拖鞋。如果你搭乘的班机人数较少，待飞机稳定飞行后，可到较空的位置上将手把拉起，横躺着睡觉。

意大利小档案 11

营业时间 | 中午休息 2~3小时

一般商店：周一~周六10:00 - 13:30，中午休息2~3小时，下午15:30~19:30；周日及周一早上，除市区较多观光客的地方之外，大部分都休息。

传统杂货店：冬季周三下午休息，夏季则是周六下午休息。

银行：周一~周五08:30~13:30、14:30~16:30，周六及周日休息。

认识意大利

Traveling in Italy

意大利小档案 12

电压 | 2～3孔圆头插座

意大利电压为220V，插头一般为2～3孔圆头插座，需要自行携带变压器及转换插头(目前大部分的手机及电脑都已是各国通用电压，只需携带转换插头即可)。

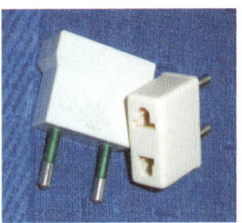

意大利小档案 13

语言 | 意大利文、英文

意大利文为官方语言。观光客较多的城市，店员大都能以基本英文沟通，但小城市会说英文的人比较少，最好携带标示意大利文的旅游书，不然就用各国通用的肢体语言，比手画脚表达你的意思。

应用意大利文 ABC

字母发音

意大利文简单学

意大利文基本上是照着每个字母发音，只要记住每个字母的发音，并记一些特殊的连音节，就可以看字读意大利文了。意大利文字母共有21个，英文字母中的j、k、w、x、y，如果出现在意大利文中，算是外来语。另外，h不发音。

字母发音表

字母	读音
a	(a)
b	(bi)
c	(ci)
d	(di)
e	(e)
f	(effe)
g	(gi)
h	(acca)
i	(i)
l	(elle)
m	(emme)
n	(enne)
o	(o)
p	(pi)
q	(cu)
r	(erre)卷舌音
s	(esse)
t	(ti)
u	(vu)
z	(zeta)
外来语	
j	(gi)
k	(cappa)
w	(doppia vu)
x	(iks)
y	(ipsilon)

"特殊连音"表

连音	念法
ci、ce	像英文的chi、che。在cia、cio、ciu中，"i"不发音，所以听起来有点像cha、cho、chu
chi、che	像英文的k
gi、ge	像英文Jim中的"j"。在gia、gio、giu中，"i"不发音，所以有点像ja、jo、ju
ghi、ghe	像英文gate中的"g"
gn	像英文onion中的"ni"
gli	像英文million中的"lli"
z	像"dz"或"tz"

应用单词

数字 / Numero
- 0 / Zero
- 1 / Uno
- 2 / Due
- 3 / Tre
- 4 / Quattro
- 5 / Cinque
- 6 / Sei
- 7 / Sette
- 8 / Otto
- 9 / Nove
- 十 / Dieci
- 百 / Cento
- 千 / Milla

星期 / Settimana
- 星期一 / Lunedi
- 星期二 / Martedi
- 星期三 / Mercoledi
- 星期四 / Giovedi
- 星期五 / Venerdi
- 星期六 / Sabato
- 星期日 / Domenica

月份 / Mese
- 一月 / Gennaio
- 二月 / Febbraio
- 三月 / Marzo
- 四月 / Aprile
- 五月 / Maggio
- 六月 / Giugno
- 七月 / Luglio
- 八月 / Agosto
- 九月 / Settembre
- 十月 / Ottobre
- 十一月 / Novembre
- 十二月 / Dicembre

意大利印象　你也认识的意大利名人

认识意大利

演艺界

- **卢恰·帕瓦罗蒂(Luciano Pavarotti)**：已逝的世界三大男高音之一。
- **安德烈·波切利(Andrea Bocelli)**：意大利著名的盲人歌手，曾到过中国表演。
- **劳拉·保西妮(Laura Pausini)**：知名的意大利流行女歌手，声音清亮，有许多耳熟能详的大众情歌。
- **索菲亚·罗兰(Sophia Loren)**：意大利著名女演员，奥斯卡最佳女主角奖和终身成就奖得主，作品有《烽火母女泪》、《意大利式婚礼》、《梦幻骑士》、《九》等。
- **罗贝托·贝尼尼(Roberto Benigni)**：意大利国宝级的巨星。由他执导和表演的《美丽人生》荣获第71届奥斯卡七项大奖(最佳电影、最佳导演、最佳男主角等)，知名作品有《高卢英雄1》、《木偶奇遇记》等。
- **莫妮卡·贝鲁奇(Monica Bellucci)**：作品有《西西里的美丽传说》、《黑客帝国2》、《太阳泪》等。

时尚界

- **乔治·阿玛尼(Giorgio Armani)**：家喻户晓的意大利设计师，曾学过医学及摄影，后来在意大利Rinascente百货公司当橱窗设计师后，开始走上服装设计之路，从他的设计中可看到一种从容的优雅。
- **萨尔瓦托雷·菲拉格慕(Salvatore Ferragamo)**：是来自那波利的顶级鞋设计师，移民到美国后，开了家小鞋铺，后来慢慢受到瞩目。为了能做出最好的鞋，还到南加州大学就读人体解剖学。1927年回佛罗伦萨开创第一家店，玛丽莲·梦露、奥黛丽·赫本等知名女星都是菲拉格慕迷。
- **古乔·古奇(Guccio Gucci)**：原本经营家族的马鞍及皮具店，后来在佛罗伦萨皮件店，以其质料及工艺技术闻名，并首创将商标印在商品上。在20世纪50~60年代，Gucci根本就是奢华的代名词。

文艺界

- **伊塔洛·卡尔维诺(Italo Calvino)**：可说是最擅长叙述艺术的作家之一，代表作包括《看不见的城市》、《如果在冬夜，一个旅人》、《意大利民间故事》等。
- **翁伯托·埃科(Umberto Eco)**：埃科是国际符号学权威，也是知名的哲学家及历史学家，现为博洛尼亚大学教授。代表作包括《玫瑰的名字》、《傅科摆》、《带着鲑鱼去旅行》等。

意大利相关文学、电影作品

- **文学**：《一辈子做女孩》、《远方的鼓声》、《看得见风景的房间》、《蒙田意大利之旅》、《天使坠落的城市》、《深夜特急》、《意大利教父：贝卢斯科尼》
- **电影**：《托斯卡纳艳阳下》、《新天堂电影院》、《罗马假日》、《邮差》、《天才瑞普利》、《天使与魔鬼》、《红猪》、《美丽人生》、《暮光之城2：新月》、《暮光之城3：月食》等

开始在意大利
自助旅行

行前准备
Preparation

出发前，要做哪些准备？

出发前，建议先到本章列出的几个实用网站，了解各种生活及旅游资讯。本篇还整理了买机票、申请各类有用证件、货币汇兑、行李打包的秘诀。

要先搜集资料	24
意大利旅游实用网站推荐	24
意大利法定假日与节庆	26
挑对时间来趟主题之旅、意大利人日常生活作息	27
决定旅行方式	28
跟团还是自助行、自助行规划参考哪里找	28
如何选购机票、意大利的旅游淡旺季	29
廉价航空	30
要准备的证件	31
护照、签证	31
国际学生证、国际青年证、国际青年旅舍会员卡	34
要先做的功课	35
外币汇兑　　　　　35　　行李打包　　　38	
应用意大利文ABC	39

要先搜集资料

虽然抵达意大利各大小城市后，都可在市中心或火车站设立的旅游服务中心(informazione，黄色标志，经常简写成"i")拿到免费地图、观光资讯，或预订旅馆，甚至可购买观光车票、表演票，但建议你，好不容易出一趟国门，还是事先在国内做好旅游计划！抵达各个城市时，也记得到服务中心索取最新旅游资讯，免得错过当天的重要活动。

意大利旅游实用网站推荐

意大利旅游工具网站

Rail Europe欧洲铁路
欧洲铁路通行证官方网站，有中文网站，可查看铁路资讯及通行证使用规定。
http www.raileurope.cn

气象查询
地图上有各城市当天的气候预报，也可看到未来一周的详细天气资料。
http www.tempoitalia.it

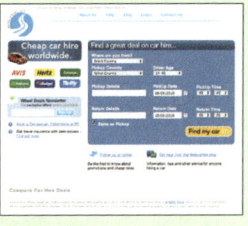

租车网站
租车联合网站，点击地点及日期、车型就可比较各大租车公司的价格并预订。
http www.webcarhire.com

TripAdvisor旅游网站
涵盖全球各地，包括意大利各城市的景点、餐厅、旅馆等介绍，可以参考旅行者的意见。
http www.tripadvisor.com

意大利铁路局官方网站
可直接上网订票及查询各城市的时间及车程、费用。
http www.trenitalia.com

国际青年旅馆
可查询并预订全国各地的青年旅馆资讯。
http www.hihostels.com

意大利购物Outlet搜寻
详细列出全意大利Outlet的资讯，但只有意大利文。
http www.outlets-in-italy.com

背包客集结网
有丰富的背包客旅行分享，想知道当地最及时的资讯，可到讨论版查看帖子。不过资料相当多，需要多花点时间。
http www.beibk.com

全球便宜机票联合搜寻网站
只要点击出发国家及目的地国家、城市，就可查询所有这条航线的航空公司，并直接点击各航空公司比价。
http www.skyscanner.com

意大利国家旅游局微博
经常会发布一些关于意大利旅游的最新资讯，不妨关注一下。
http http://weibo.com/yidalilvyou

意大利观光网站

意大利国家旅游局
意大利国家旅游局的官方网站，详细列出意大利所有热门城市的旅游资讯。
http www.enit.it

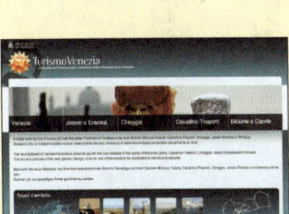

威尼斯
城市活动、景点介绍、住宿资讯、观光路线建议、实用资讯、气候及交通等。
http www.turismovenezia.it

米兰
城市活动、景点介绍、住宿资讯、观光路线建议、实用资讯、气候及交通等。
http www.turismo.milano.it

佛罗伦萨
城市活动、景点介绍、住宿资讯、观光路线建议、实用资讯、气候及交通等。
http www.firenzeturismo.it

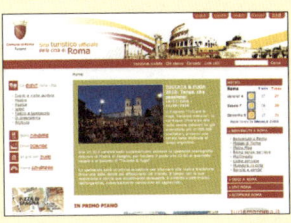

罗马
城市活动、景点介绍、住宿资讯、观光路线建议、实用资讯、气候及交通等。
http www.turismoroma.it

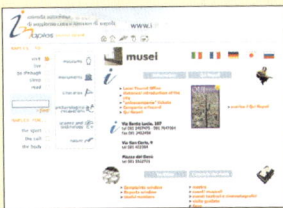

那波利
城市活动、景点介绍、住宿资讯、观光路线建议、实用资讯、气候及交通等。
http www.inaples.it

意大利生活信息网站

意大利电视广播
意大利最主要的电视台，可以在网上收看网络电视及收听广播。
http www.rai.tv

意大利共和国报
可看到当天的电子报及各种政治、旅游、生活、美食、流行时尚资讯等。
http www.repubblica.it

意大利品牌店
http www.shoppingmap.it

生活文化旅游资讯（英文网站）
生活文化、节庆、美食、时尚、不动产、租屋、家庭园艺、气候等生活资讯。
http www.lifeinitaly.com

外国学生到意大利学习资讯
这是全球留学资讯网，包括意大利各地的学校及其申请资讯、当地生活资讯等。
http www.studyabroad.com/italy.html

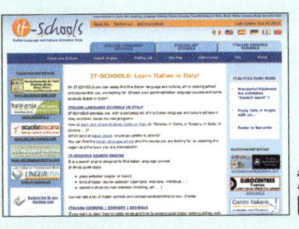

意大利语言学校搜寻
http www.it-schools.com

行前准备

意大利法定假日与节庆

意大利和其他国家一样,也有许多假日和节庆,尤其是复活节节庆与8月份,许多店家会歇业,因为意大利人非常重视自己的休闲生活。以下列出意大利所有假日和节庆,方便你做旅游规划。

复活节节庆,大部分商店都关门休息,认真过节去了

意大利法定假日及节庆一览表

日 期	假日与节庆	说 明
12月31日	元旦假期连假	过年是意大利人在外面狂欢庆祝的节日,一些广场通常会有大型跨年音乐会,或一些主题节庆。
1月1日	元旦、开国纪念日	适逢周日不补假。
1月6日	主显节	
1月5日	冬季特卖	几乎所有省份都已统一1月5日开始特卖,折扣会有30%～50%,所以许多名牌店都是一大早就大排长龙。
2月	威尼斯嘉年华会	趣味横生又充满戏剧性的威尼斯嘉年华会,是一生中要参加一次的节庆。每年举办时间,依意大利的阴历而定,大都在2月。详细日期可参见www.carnivalofvenice.com。
4月初	米兰家具展	这是意大利暨全球设计界的嘉年华会。除了展览场,市区各家家具设计店也都有特别的活动共襄盛举。
4月初	复活节	复活节在每年春分月圆后的第一个星期日及星期一。
4月25日	意大利解放日	
5月1日	劳动节	全国大放假,大部分博物馆均休息。
5～6月	佛罗伦萨音乐节	每年的佛罗伦萨音乐节,都有许多知名音乐家在此演奏。
6月2日	意大利国庆日	
6月29日	圣保罗与圣保禄主保日	
6月底～9月中	维罗纳露天歌剧季	每年夏季,朱丽叶故乡维罗纳的圆形剧场都有歌剧表演,各大经典剧目轮番上场。
7月2日	夏季特卖	
8月	休假月	许多意大利人在8月都会休息一整月,到海边或山上度假。因此很多店铺都会关门休息,市区大概也只剩下观光客和1/3的意大利人。
8月15日	圣母升天节	放假到最高峰,几乎所有行业及博物馆都休假。
11月1日	万圣节	父母会带小朋友上街要糖。
12月8日	圣母无染原罪节	
12月24～26日	圣诞节	意大利的圣诞节是属于家人的节庆,因此几乎所有意大利人都会回家过节,街上会静悄悄的,几乎所有店家在圣诞节当天都会关门休息。12月整个月,店家周日也开店营业。

*每个城市有自己的"守护圣人升天日",当天也放假,详细日期可询问饭店柜台人员或看店家告示。

挑对时间来趟主题之旅

艺文活动	说明
威尼斯嘉年华会	每年2月中(日期不一定)会举办面具嘉年华会,全城疯狂玩乐。
米兰国际家具设计展	每年4月中米兰会举办一年一度的国际家具展,可说是国际设计盛会,米兰城会涌进世界各地的设计专家及设计迷。主要展览场在米兰商展中心(RHO)及运河区的Zona Tortona新锐设计师展览区(Via Tortona 54/地铁2线Porta Genova站,位于地铁站与Via Solari之间/www.fuorisalone.it)。市区的主要家具设计街Via Durini及Brera区的家具店也会推出不同的活动。
复活节	4月的复活节是属于圣诞节之外最重要的宗教节庆之一,大大小小城市都会看到各种彩蛋,教堂也会举办宗教庆典。
威尼斯双年展	每两年会举办威尼斯艺术双年展,隔年则是威尼斯建筑双年展,所以几乎每年都有展览可看,展览期间通常是6~9月。主要展览场在双年展公园(Giardini della Biennale)。
圣诞节	圣诞节对于意大利这个天主教国家来讲,是相当重要的家庭节庆,从11月中到圣诞节期间,大小街道都有各种温馨的彩灯布置,而且商店周日也开店,充满了欢乐的过节气氛。梵蒂冈的圣诞夜望弥撒是很多信徒的梦想行程。
1月中~2月底及7月中~8月底	分别是夏季及冬季折扣时间,要捡便宜可要趁现在。最好逛的城市当然是"时尚之都"米兰,这个城市通常也是最早开始打折的。

意大利人日常生活作息

意大利人的午餐休息时间通常是13:30~15:30,愈往南走,午餐时间越晚,而且大部分的南部人会回家吃午餐,顺便午休到16:00~16:30。若想避开人潮的话,可在12:00~12:30到餐厅用餐。意大利店铺下午则是15:30~16:30才开(南部甚至有17:00才开的)。19:30下班后会先到酒吧或供应餐前酒的咖啡馆喝杯餐前酒及享用下酒小菜。晚餐时间20:00~21:30,同样也是越往南越晚,很多南部餐厅都是21:00以后才看到客人涌进。意大利年轻人周末通常也会上夜店或舞厅,这些地方半夜以后气氛才开始变得热闹起来。

- 邮局及银行营业时间:08:30~13:30,14:30~16:30
- 店铺营业时间:10:00~13:30,15:30~19:30
- 公交运输营运时间:05:00~00:30(各城市各营运线时间不同)
- 交通高峰时间:07:00~09:00,17:00~20:00

(特殊例外:12月25日及5月1日公交运输时间缩短为07:00~19:30,大家都要放假休息去了)

- 8月许多商店都会关门休息2周~1个月,1月1日、复活节、5月1日及12月25日几乎所有博物馆、美术馆都会闭馆休息。
- 12月圣诞月,商店周日也会开业。

8月份时值意大利人放假,很多商店门上都会贴张这样的纸条,告诉你店家主人何时才会回来继续赚钱。

游客在意大利一天吃喝玩乐行程建议

早上~12:00	早餐、逛传统市场、参观景点,周日可上教堂望弥撒
12:00~14:30	午餐
14:30~19:30	参观博物馆、美术馆及逛街
19:30~22:00	餐前酒或晚餐或音乐会
22:00~24:00	现场音乐酒吧

决定旅行方式

跟团还是自助行

到意大利旅游到底是要跟团还是要自助呢？两者优缺点如下：

	优点	缺点
跟团	1.较适合时间较短的游客 2.所有行程及交通都安排妥当 3.有导游介绍各景点，投宿旅馆通常是3～4星级，适合不习惯便宜旅馆的游客 4.可认识同团伙伴	1.自己逛街、尝试不同美食的时间较少 2.行程固定，可能无法到自己想去的地方或在喜欢的地方待久一点 3.会带到可抽佣金的商店 4.吃中国餐厅的机会较多 5.自由时间太少，较无法深入体验当地生活文化
机+酒自由行	1.含机票及酒店，适合想住好一点，但又想自行安排行程者 2.除了行程中包含的住宿之外，若想自己延长停留时间(但不可超过机票有效日期)，则可自行找其他住宿或在原旅馆续住；有些机+酒行程还会赠送机场接送或半天导览行程等；有些行程还包括欧洲火车通行证	1.得自己花时间安排行程 2.住宿需先预订好，所以较没办法随性地更改先订好的行程 3.住宿地点大部分为连锁或商务型旅馆，较少农庄、酒庄等特殊住宿体验
全程自由行	1.适合旅游时间较长，想到不同城市、国家或较特殊景点、主题行程者。可尽情安排自己想玩、想吃的行程，享受"计划是用来改变"的自由 2.与其他旅行者交流的机会较多 3.较可跟当地人交流，深入体验当地生活，像是可以自己到市场买食物回青年旅馆或民宿做饭 4.若多人一起旅行，可自行租车或住度假公寓	1.全部都得自己来，需要花较长的时间做行前规划 2.若遇到危险或状况时，需要自己处理，但同时也是训练自己应变能力的机会 3.若想要比跟团还便宜，食宿都要严格控管预算，住的品质可能会较差

自助行规划参考哪里找

背包客集结网：(www.beibk.com.)是最好的参考网站，许多网友都会将自己的行程放在网上，也可将自己的行程放在讨论版上问其他网友的意见。

Trip Advisor：(www.tripadvisor.com)国际旅游网站，可参考全球各地的旅行者对某个景点、当地导游、导览行程、某家旅馆、餐厅的亲身体验，这些地方也都会以评价优劣排列出来。

博客分享：许多网友会在自己的博客详细介绍行程安排、注意事项及好买、好吃的东西等。当然，每个人因时、地、物的不同而有不同的经验，最好多参考几个不同的分享经验。

Google地图：这对自行开车者相当有帮助，只要登入账号，输入A点到B点的地址，选择自行开车选项，就会自动列出所有路径及时间，只要将这些储存在手机或打印出来，到当地开车也不需要租贵贵的GPS了。

如何选购机票

若你选择的是跟团，机票就包含在旅费里，要仔细看旅行社的信誉、行程安排等。若是航空公司或旅行社推出的机+酒行程，则可依自己喜欢的航空公司、旅馆、预算等来选择。

若选择全程自助的话，可依预算、航空公司来选择，机票价格会依有效期限(1个月内有效票较便宜，年票则较贵)、航空公司及其转机地点(中国东方航空、马航、泰航通常较便宜)、舱等(经济舱或商务舱)、淡旺季、网上价格及电话价而不同。

建议可依照旅游天数与预算上网查询，一般短期旅游(1个月内)，许多购票网站都会推出特惠价；2人或4人同行，也有优惠方案。如果不想花时间找饭店，2人以上者，建议也可购买机+酒方案。

意大利的旅游淡旺季

旅游旺季

4月复活节、7～9月中、圣诞节～新年期间，大部分的城市人都会跑到郊区度假，所以城市的旅馆是淡季，但郊区旅馆则是旺季价钱。7～8月外国游客相当多，知名博物馆及美术馆需排很长的队伍，最好事先预订门票。

旅游淡季

1～3月、4月中～6月中、9月中～12月中属旅游淡季，但若有重要商展或节庆除外。有些南部城市由于9～10月中较不那么炎热，所以虽然是淡季，但游客人数也不少。

一般航空与廉价航空票价及服务比较表

	一般航空	廉价航空
票价	较贵，而且来回票会比单程票还要划算。	较低，单程机票及分段购买会较便宜。
买票方式	可通过旅行社、电话或网上购买。电子机票会比实体机票便宜。旅行社会将电子机票打印出来给旅客(电话或网上订票会e-mail到电子信箱)。到机场出示机票及护照即可。	只接受网上订票，以电子机票的方式e-mail给旅客。旅客需自行打印出e-mail，到机场后只要出示电子机票及护照即可(若忘了打印，只要告知订位代号，出示护照)。
付费方式	信用卡、传真刷卡(填好旅行社传过来的刷卡授权单，再回传即可)、现金、汇款。	通常只接受网上信用卡。需要填写信用卡使用人姓名、有效日期、信用卡号码及背后的3码授权码。
机票限制	可免费更改日期，除非是特优惠限制票。	不可更改日期或退换票，除非购买的是较贵的Flex弹性票。若要更改使用人的话，也要另外付费。
航站选择	通常是该国的主要机场。	欧洲很多廉价航空的机场是主要城市附近较小的机场。例如，很多飞米兰的廉价航空是在Milano Orio al Serio，机场位于附近城市Bergamo，而不是米兰的主要机场Malpensa或Linate。若需要再转机，需特别注意这点。
随身行李	体积不得超过115厘米，最多7千克，限1～2件。	体积不可超过56厘米×45厘米×25厘米。
托运行李	经济舱20千克，商务舱30千克。	通常是0～15千克。大型行李需另外计价(例如脚踏车或冲浪板)。
餐饮	提供免费的餐饮，且提供该航线的特色餐饮，如意大利飞往曼谷的餐饮会有意大利起司。	所有餐饮都需另外付费。大多为简单的三明治、饼干及饮料。

廉价航空

目前国内还没有真正意义上的廉价航空公司，不过有些网站会根据旅游时段适时推出一些相当便宜的低价机票，不妨于行前多上网关注一下。但是，若是选择廉价航空公司推出的特价航线，一般多需要中转抵达。

欧洲境内有许多廉价航空选择，最大的廉价航空是RyanAir、EasyJet，不但有意大利境内各大城市的航班，也有到其他欧洲城市的航班，航线非常完善，而且常提供零元特价票，只需要花10～20欧元的机场税而已。但若飞到非申根国家要记得先办好签证。

若要查你要飞的航线有哪些廉价航空，最简单的方式是到www.sky scanner.com这个网站，点击飞行城市后，就会列出所有该航线的廉价航空公司，然后再到各家航空公司网站购票，也可顺便订房及租车。

廉价航空资讯看这里

- **可分段购买，较有弹性**。廉价航空的特色是每一段航程都要分开点击，因此，可以选择自己喜欢的时间。
- **并不一定比较便宜**：要将往返机场的交通费、住宿费都考量进去。否则有可能最后会发现，虽然机票较便宜，但其他花费反而更高了。
- **每天的价格都不一样**：除非你有固定的出发时间，否则要一天天点看哪一天是最便宜的。欧洲廉价航空常推出特惠机票，常有0元优惠票（只要付机场税），但通常是要提前好几个月订。可订阅各航空公司的电子报。
- **订票时会有Best及Flex的票价选择**：Best是最低价，Flex则是弹性票，可以更改日期或地点，因此也较贵。
- **看好机场**：虽然票价较便宜，但机场位置并不是很方便，订票时务必要先查看机场位置。否则若是得前天晚上先到机场附近住，加上交通跟住宿费，或许就不是赚到的情况了。
- **务必提早到**：通常2小时前开放办理登机手续，40～45分钟前关闭，若是错过，当场再购买机票，票价通常相当昂贵。
- **没有提供免费的机上餐饮**：机上只可购买简单的三明治、饼干、饮料等。
- **行李规定**：限重较严格。
- 现在的廉价航空也都有旅馆及租车、机场巴士、保险预订服务，若不需要的话，要确定自己订购时没有勾选这些项目。
- 拨打服务电话(Call Center)费用通常较贵。

欧洲各家廉价航空比较表

航空公司	特色	特价时段	网站
RyanAir	欧洲最早的廉价航空，应该是所有廉价航空中便宜的一家。目前意大利境内共有22个航点。	特惠时间不一定，通常周五～周六票价较贵，周三稍贵，周一较便宜。	www.ryanair.com
EasyJet	欧洲航点最完整的一家，北意包括米兰、都灵、威尼斯，中意有比萨及罗马，南意有那波利、普利亚区，另还有西西里岛及撒丁岛的航点。	周末及周一较贵，周二～周五票价较便宜。	www.easyjet.com
Meridiana	意大利本土航班，国内航点共有22个，几乎各大城市都有，不过费用也较高一点，一定要提早预订才能捡到便宜。另还有巴黎、阿姆斯特丹、伦敦、赫尔辛基、纽约等航线。	通常订一星期之后的票较便宜，两星期以后的票更便宜。	www.meridiana.it
WinJet	意大利本土私人航空，主要连接西西里岛及北意及中意各大城市，另还有飞往哥本哈根、布拉格、伦敦、法国及西班牙、俄罗斯的国际航线。	周一最贵，周二～周三稍微便宜，周四又稍贵，周五又变贵，周六及周日又较便宜。	w4.volawindjet.it

* 若要飞到中意，最好选择到比萨或佛罗伦斯（翡冷翠），Forli位置较偏僻，并不推荐。Trieste到威尼斯也有段距离，不过这个海港城市倒是还不错；另有西班牙平价航空Vueling.com。

要准备的证件

护照

第一次出国还没有护照的需要申请办理。中国护照分为普通护照、外交护照和公务护照三种。出境旅游，办理普通护照即可，其有效期为：护照持有人未满16周岁的5年，16周岁以上的10年。

办护照需准备以下材料

1. 近期免冠照片1张以及填写完整的《中国公民因私出国（境）申请表》（可从公安部出入境管理局网站www.mps.gov.cn/n16/n84147/n84211/n84364/4098828.html进行下载）；
2. 居民身份证和户口簿及复印件（在居民身份证领取、换领、补领期间，可提交临时居民身份证和户口簿及复印件）；
3. 未满16周岁的公民，应当由其监护人陪同，并提交其监护人出具的同意出境的意见、监护人的居民身份证或者户口簿、护照及复印件；
4. 国家工作人员应当按照有关规定，提交本人所属工作单位或者上级主管单位按照人事管理许可权审批后出具的同意出境的证明；
5. 省级地方人民政府公安机关出入境管理机构报经公安部出入境管理机构批准，要求提交的其

⁉ 护照的变更申请

如果护照上面的登记事项（包括护照持有人的姓名、性别、出生日期、出生地，护照的签发日期、有效期和签发机关）发生变更，也要持相关证明材料，向该护照的签发机关申请护照变更加注。

护照这里办

1. 本人户籍所在地。可至本人户口所在地公安局的出入境管理处申请办理护照。
2. 非本人户籍所在地。截至目前，实施异地可申请护照的城市有：北京、天津、石家庄、太原、呼和浩特、沈阳、大连、长春、哈尔滨、上海、南京、无锡、常州、苏州、杭州、宁波、温州、嘉兴、舟山、合肥、福州、厦门、泉州、南昌、济南、青岛、郑州、武汉、长沙、株洲、湘潭、广州、深圳、珠海、东莞、佛山、南宁、海口、重庆、成都、贵阳、昆明、西安，共计43个。符合条件的可持有效的申请材料以及相关证明材料，向有关地方公安机关出入境管理机构提交普通护照的申办。但年龄在60周岁（含）以上，且在非户籍地居住6个月（含）以上的老人（登记备案国家工作人员除外）可不受上述限制，无论在哪个省、自治区、直辖市的暂（居）住地，都可就近提交普通护照的申请。

＊以上资料时有变动，出发前请再次确认。

他材料；

6. 普通护照的办理及补发费用均为每本200元人民币，护照加注每项20元人民币。

签证

意大利签证分国家签证和申根签证两类，其中申根签证又分为旅游、商务等类别。如果计划赴意大利做短期旅游，那么选择办理个人旅游签证（90日以内）即可。

现在，意大利驻中国大使馆、上海、广东及重庆领事馆已开始实施针对中国公民的快速签发签证政策。个人旅游签证及商务签证36小时内即可签发，不过其计算时间是从相关资料进入大使馆/领事馆之时起算。还有一点就是中国公民可以选择在居住地最近的意大利签证申请中心提交签证申请。具体申办事宜可登录意大利签证申请中心网站（http://www.italyvac.cn）进行了解，该网站分北京、上海、广州页面，详细罗列了申办各类签证所需的材料、申办流程、签证费用等内容，另外还

可以免费下载电子版签证申请表格。也可以登录意大利外交部网站（www.esteri.it）进行了解。

若需在意大利停留3个月以上，除入境签证外，抵达意大利的8个工作日内，还要到当地警察局（Questura）另外申请居留证（Permesso di Soggiorno）。如果是到意大利一些大城市（如佛罗伦斯）申请居留证，通常得耐心等候才能拿到。

办签证需准备以下材料

❶ 用英文或意大利文填写完整并签名的申请表（接受用拼音签名）；

❷ 两张白色背景、尺寸为4厘米×3.5厘米的免冠近照；

❸ 护照复印件（需签名且在签证到期后至少有90天有效期，护照签发不超过10年）；

❹ 往返机票预订单；

❺ 所有行程资料：包括火车票、飞机票、船票等，最好翻译成英文；

❻ 申请人户口簿原件和复印件；

❼ 申请人在职及准假证明；

❽ 在职公司证明；

❾ 境外医疗保险单（原件及复印件，必须在申根国家有效）；

❿ 其他辅助资料：房产证、驾驶证(需提供原件及复印件)、退休证(原件及复印件)；结婚证(原件及复印件)、工资条(原件和复印件)

⓫ 签证费用：申根签证90天内的旅游签证费用为486元人民币，6岁到12岁的孩子签证费为284元人民币，签证申请中心服务费为每人220元人民币。

签证这里办

意大利驻中国使领馆

意大利驻中国大使馆
地址：北京市朝阳区三里屯2
电话：010-65322131
传真：010-65324676

意大利驻上海总领事馆
地址：上海市长乐路989号世纪商贸广场19楼
电话：021-54075588
传真：021-54075179
领区：上海、浙江、江苏、安徽

意大利驻广州总领事馆
地址：广州市天河区珠江新城华夏路8号合景国际金融广场14楼03单元
电话：020-38396225
传真：020-85506370
领区：广东、广西、福建、海南、湖南、江西

意大利驻重庆总领事馆
地址：重庆市渝中区民族路101
电话：023-63822511
领区：重庆、四川、贵州、云南

意大利驻香港总领事馆
地址：05/810, Hutchison House - 10 Harcourt Road
电话：(+852) 25220033/4/5/6
传真：(+852) 28459678
网站：www.italianconsulate.org.hk

意大利签证中心

北京意大利签证申请中心
地址：北京市朝阳区工人体育场北路13号院（海隆石油南门）1号楼2层211-212室
时间：周一～周五 8:00～17:00
电话：010- 84185417 /84185517
邮箱：infopek.italycn@vfshelpline.com

上海意大利签证申请中心
地址：上海市徐家汇路555号广发3楼
时间：周一～周五（除节假日外）8:00～15:00（申请递交时间）
电话：021- 63901803 / 63901937
邮箱：infosha.italycn@vfshelpline.com

广州意大利签证申请中心
地址：广州市天河区广州大道中988号圣丰广场2楼05-06室
时间：周一～周五8:00～15:00（申请受理时间）
电话：020-38784008
邮箱：infocan.italycn@vfshelpline.com

⁉ 关于居留证的取得

意大利官方规定，在意大利居留3个月以上，抵达当地就需要到警察局办理居留证。居留证的有效期限，是依据入境许可的类别来判定。商务、旅游不可超过3个月；季节性工作不可超过6个月，如需延长，也不会超过9个月；若是学生则依照学习时间而定，一般一次只给1年，每年更新居留证；对于自主工作、时间不定的工作及探视亲人者，不可超过2年。

观光签证申请小提醒

如果住宿地点还未确定，除了可自行上网预订酒店外，也可预订费用相对比较便宜的青年旅馆，这样可以提供有力的住宿地点证明。

申根签证

申根签证分为旅行、商务等类别。意大利因加入了《申根协定》，所以办理个人旅行签证（90日以内）也可前往意大利旅行。具体申办事宜可登录意大利驻中国大使馆网站（www.italianembassy.org.cn）进行了解，该网站详细罗列了申办各类签证所需的材料、申办流程、签证费用等内容，另外还可以免费下载电子版签证申请表格。

欧盟申根会员国

截至目前，共有26个申根成员国，即奥地利、比利时、捷克、丹麦、爱沙尼亚、芬兰、法国、德国、希腊、匈牙利、冰岛、意大利、拉脱维亚、列支敦士登、立陶宛、卢森堡、马耳他、荷兰、挪威、波兰、葡萄牙、斯洛伐克、斯洛文尼亚、西班牙、瑞典、瑞士。

欧盟非申根国

罗马尼亚、保加利亚、塞浦路斯、英国、爱尔兰

办理申根签证需要注意的事项

● 如果只去某一个申根国家，根据规定办理该国的签证即可。

● 如果过境某一申根国或几个申根国前往另一申根国，应申办另一申根国的签证。

● 如果要前往几个申根国，应申办主访申根国或停留时间最长的申根国的签证。

● 如果一时无法确定主访国时，可申办第一个前往的申根国的签证。

● 各个申根国家颁发签证所需的材料要求不变，必要时受理国可要求提供附加材料。

● 申根签证不能逐个国家去申办，统一在某一个申根国办理即可。

● 办妥一国签证即可进入其他申根国，如被某一申根国拒签即意味着也被其他申根国拒签。

● 有了申根签证并不意味着能自由进入所有欧盟国家。虽然申根会员国属共同国界管理，在申根区国家间不会进行国境检查，但如果去非申根欧盟国家时如英国，经过国境时仍须检查护照与签证。

国际学生证ISIC

国际学生证（ISIC, International Student Identity Card）是国际认可的学生证明证件，可享受博物馆、景点门票、电影票、住宿及交通工具票的优惠，是旅行的一大省钱帮手。只要是年满12岁的全日制在校生，出示学生证明即可办理。需要特别注意的是此证的有效期限，该证以新学期开学的9月作为划分界限，如果是9月以前办理的，那么有效期就是当年的12月底；如果是9月以后办理的，有效期则至隔年的12月底。

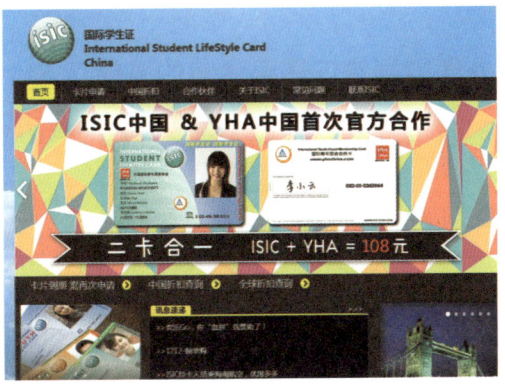

国际青年证IYTC

如果你不是学生，但属于26岁以下的青年，则可办理国际青年证（IYTC, The International Youth Travel Card），可享受飞机、火车、渡轮、巴士、汽车租赁、旅行团、餐饮、博物馆、电影院、观光景点、表演、购物等优惠，非常实用。此证自办理之日起，一年内有效。

管理证件小提醒

请记得，所有证件都要复印或者用数码相机拍照备份。一份留给家人或者存放到自己的e-mail信箱里。若证件不慎丢失，可用此备份申请补办。

国际青年旅舍会员卡(Y.H.A.)

想入住便宜的国际青年旅舍（Hostelling International），即使没有青年旅舍会员卡也可以投宿，不过费用会贵一点。若在你的规划行程中，大部分的住宿地点会选择这个联盟的青年旅舍，建议在出发前办理一张会员卡会比较划算。虽名为"青年"，但实际申办并没有年龄限制（12岁以下儿童不需要办理），一年有效，全世界都可通用。

三大证件这里办

国际学生证ISIC
官方网址：http://www.isic.org
资　格：年满12岁的全日制在校生
所需文件：申请表、2寸近期证件照1张、学生证
费　用：人民币85元

国际青年证IYTC
资　格：未满26岁的青年人
所需文件：申请表、1寸彩色有效证件照1张、身份证或出生证明文件
费　用：人民币85元

国际青年旅舍会员卡(Y.H.A.)
官方网址：http://www.yhachina.com
资　格：无资格限制
所需文件：会员申请表（可网上填写，也可下载后填写）
费　用：人民币50元
办理方式：可网上办理，或邮寄至国际青年旅舍中国总部办理。也可至各家青年旅舍的前台办理，还可到各代理商处办理。

国际青年旅舍中国总部
办公地址：广州市天河区体育西路103号维多利亚广场A塔3606室（510620）
办公时间：周一～周五的9:00～18:00（12:30～14:00为午休时间）

＊以上资料时有变动，出发前请再次确认。

要先做的功课

外币汇兑

建议携带一些现金、旅行支票、国际借记卡(至少携带2张)、信用卡(至少携带2张)。

现金，小面额欧元最好用

出国前，可先到银行兑换欧元，最好换一些小额钱币，刚抵达时，可用来购买车票。最好先在国内换好欧元或旅行支票，如果在欧洲地区直接将人民币兑换成欧元，汇率不太合算。

银行、机场、火车站及大观光点附近都有兑换处，可先查看汇率及手续费。有些兑换点虽然汇率较好，但手续费也高，要先询问清楚。

一般换汇时，大面额的钞票换的汇率比较好，所以在国内将人民币换欧元时，可换大面额的钞票。机场的汇率通常比较不好，建议到市区的银行或者各大景点附近的兑换处查看汇率，每家汇率都会有点不同，可多比较几家。

欧元vs人民币的汇率怎么查

1. 百度网页应用软件

2. 各大银行网站

外币汇兑小提醒

在国内兑币的收据可留存，如果钱没花完，回国后可持收据，再兑换成人民币。

许多观光区附近都有兑币处

"Banca"为意大利文的"银行"之意，大部分都可换币，或有提款机服务

"Zero Commissioni"是不收手续费之意。在各机场及观光区几乎都可找到Travelex，这里除了可换币，也可购买国际电话卡

旅行支票，旅行最安全的货币

这是较安全的货币，需本人签名才可使用，兑现时需核对护照。遗失旅支，可在当地马上补发（购买时，合约背书都有各国的紧急联络电话与补发说明）。出国前建议购买一些旅行支票以备不时之需，银行及机场内的银行柜台都可购买。意大利较广泛接受的旅行支票有：Thomas Cook、American Express、Visa。

旅行支票在意大利使用很不方便，需先到银行或旅行支票服务柜台换现金，而且银行手续费相当高。若是美国运通旅行支票，最划算的是直接到当地美国运通柜台换，但也要3%的手续费。还是直接用金融卡在当地的ATM取钱或带现金最方便。

美国运通服务处
- 罗马服务处：在西班牙广场上（Piazza di Spagna 38）
- 米兰办事处：Via Larga 4

如何使用旅行支票
买旅行支票后，就立刻在上款签下与护照相同的签名，等到要使用、兑换时才在下款签名。

- 上款签名处
- 下款签名处

信用卡，刷卡消费最便利

意大利一般商店都接受Master或Visa信用卡，甚至一些观光景点的摊贩也接受信用卡付款。建议最好携带两张卡，如有任何一张无法使用时，可用另一张卡刷。出国前，可向信用卡银行申请预借现金功能，并携带密码出国，以备不时之需，在标有Master或Visa等信用卡标志的提款机预借现金（但请谨慎使用，利息相当高）。

跨国提款，虽方便但需付手续费

使用国内银行所发的提款卡（金融卡），到国外的ATM（自动提款机）直接提取当地的货币，当然是最简易的方式。虽然跨国提款需扣手续费（将人民币换成当地货币，有汇率差价，银行另外收一笔手续费，各银行手续费有所不同），但至少身上不需带太多现金，也不需事前换币。**请注意**：出国前，一定要先向银行确认你的金融卡是否已开通跨国提款功能，并设定欧洲系统的4位磁条密码。

提款机或屏幕上标示的众多国际联合提款公司标志中，如有自己提款卡背面的标志，代表可用此机器提款

金融卡海外救援电话小提醒
记得一定要将信用卡、金融卡、旅行支票的海外紧急救援电话记下来，不慎遗失时，可在第一时间办理挂失。

一天基本消费物价表

物品	参考价格	说明
矿泉水	€1	小瓶，超市价€0.50 餐厅大瓶装约€2~4
卡布奇诺	€1.50	早餐；站着喝 坐着喝约€2.50~4
羊角面包	€1	早餐
冰激凌	€2	
意大利三明治	€3	午餐。Pizzeria：消费约€15
巴士	€4	1日票。单程票€1
博物馆门票	€8	
晚餐	€25	餐厅
小计	€45.50	不包括住宿 1天最基本消费约400元人民币

ATM跨国提款步骤说明

 找提款机
请确认你的提款卡背面,印了何种联合提款标志,寻找有相同标志的提款机。

 选择语言
选择操作语言,若不懂意大利文,可选择英文。

 **插入提款卡**
Inserire la carta,插入提款卡。请将提款卡插入Inserire carta的插槽中。

 选择提款功能
选择**Withdrawl**,提款功能。

 输入密码
Key in the secret code and press the confirm key,输入密码并按确认键(确认键是CONFERMA,绿色键)。**请注意**:欧洲的提款机为磁卡提款,不像国内已改芯片提款,因此请输入4位数磁卡密码。出国前,请向银行确认提款卡是否设定有4位磁卡密码,及确认是否已启用国际提款功能。

 选择提款金额
Select and amount,选择提款金额。如果屏幕上的金额没有你所想要的,请按**Other amount**,自行输入提款金额。

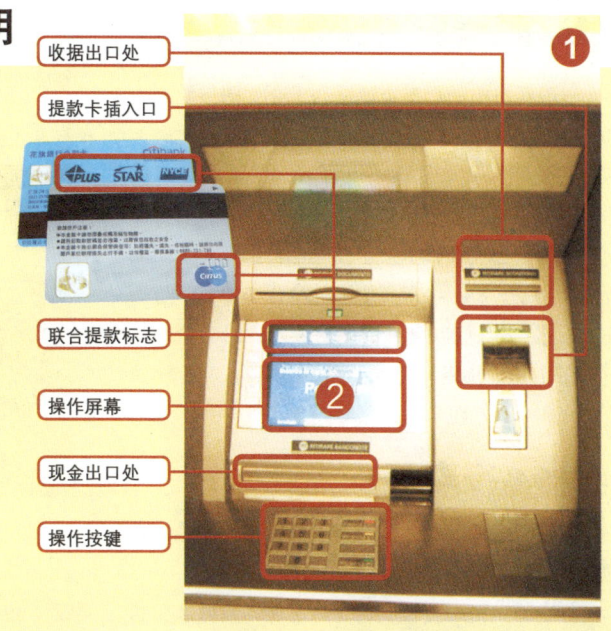 **确认提款金额**
确认后,请按**YES**。

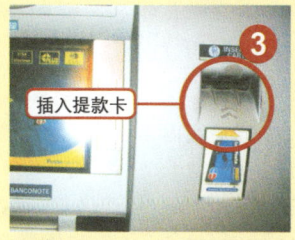 **打印收据**
Do you want to get the receipt,你是否需要打印收据;需要,请按**YES**。

收据出口处
提款卡插入口
联合提款标志
操作屏幕
现金出口处
操作按键

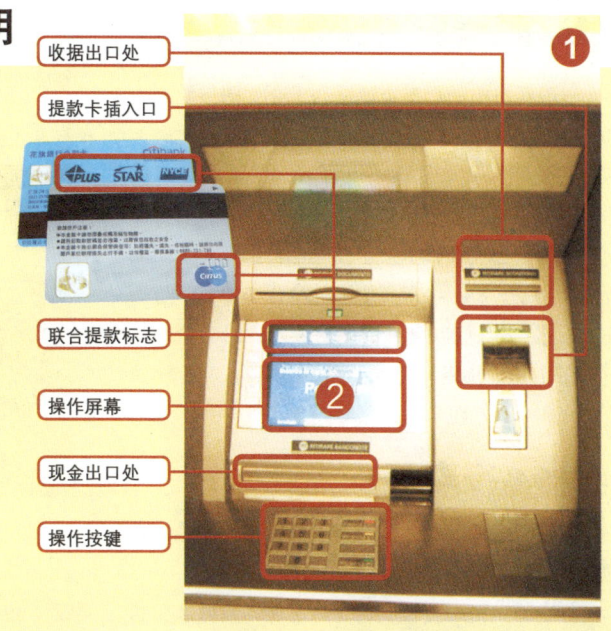

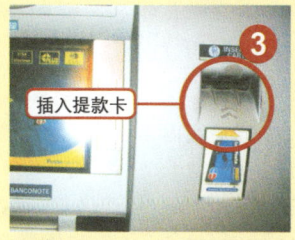
插入提款卡

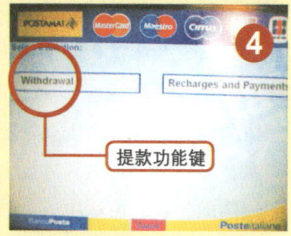
提款功能键

输入密码后按确认键

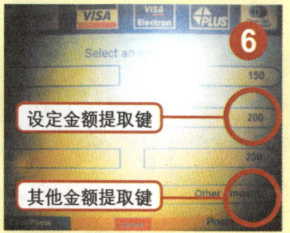
设定金额提取键
其他金额提取键

确认后按YES
确认提取金额

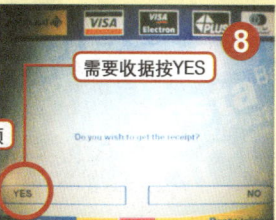
需要收据按YES

Traveling in Italy

行前准备

行李打包

一般经济舱的行李重量是20千克,商务舱则为30千克。超出1~2千克,航空公司通常可通融。不过若是超出太多的话,可得看运气了。超重的话,柜台小姐会要求你先拿单子去付款,然后再回到登机柜台办完登机手续。或者也可携带可上机的折叠式袋子,将一些东西放进随身行李中。不过要注意:水、超过100毫升的瓶装液及危险尖锐物品不可带上机。随身行李尺寸规定:不可大于56厘米×36厘米×23厘米。

如何准备行李箱

预计旅游一周以上者,建议准备大行李箱、大的后背式背包、小的斜肩包各一。

行李箱:用来装较不重要的衣物,及旅途买的战利品。后背式背包:在意大利境内旅游时,可将大行李箱寄放在旅馆,如要到附近的小城市过夜或1日游,可用此背包装一些随身衣物。

斜肩包:随身携带贵重物品,有拉链及内袋较为安全,另外也要考虑到方便拿放旅游书或参考资料、地图的包包。旅途中,拿放地图或旅游书应该是最频繁的动作。

到威尼斯,带轻便行李小提醒

威尼斯,是一个岛屿组成的城市,因此整个城市都由桥梁连接而成,虽可搭乘水上公船到饭店附近,但多少仍需步行,建议最好不要携带太重的行李到威尼斯观光,否则上下船或过桥可能会比较劳累。

另外还有一种后背包式有附加轮子跟拉把的行李箱,也很适合意大利旅行。虽然加轮子跟拉把会多出二公斤左右,但是路况良好时可放下行李用拉的,节省力气;上下车时则可背起行囊,行动方便。

当然,如果体力够的话,背大背包是最方便的方式,机动性较高。大的行李箱虽然拖起来比较轻松,但对于移动较频繁者,还是显得较为笨重、不方便行动。

如何准备服装

意大利四季分明，所以每个季节需带的衣物不一样，出发之前最好先上网查询当地气候www.meteo.it。

冬令、夏令时间转换表

冬令转夏令	周日：3/28/2012，2:00变成3:00
夏令转冬令	周日：10/31/2012，3:00变成2:00
冬令时间	1/1/2012～3/27/2012
夏令时间	3/28/2012～10/30/2012
冬令时间	10/31/2012～12/31/2012

● **春、秋**：时值季节交替，较常下雨，记得携带防雨衣具；夜间很凉爽，约17℃，需带一件毛衣及稍厚外套御寒。

● **冬季**：厚大衣、手套、围巾、帽子是必备的，如要上山滑雪，记得戴太阳眼镜；冬季较干燥，可携带惯用乳液或到当地超市、化妆品店购买。

- 围巾、帽子跟手套是严冬必备的
- 保暖的毛衣或小外套
- 舒服的T恤
- 到室内方便穿脱的大衣

- 春、秋时天气多变化，围巾相当好用，方便携带，较凉爽时即可围上
- 最好采用多层次穿法，白天气温可能升到25℃左右，但晚上则会降到17℃左右

● **夏季**：短袖衣服、短裤、裙子、薄外套、防晒用品、帽子、太阳眼镜，全都是必备的。

- 太阳眼镜和帽子是夏季必备的防晒用品
- 随身携带一件薄外套，进教堂及晚上较凉时可穿上
- 夏季可携带较轻便的短裤、裙子，减轻行李重量

应用意大利文ABC

Ciao ／嗨，再见
Buongiorno ／日安
Buonasera ／晚上好
Buonanotte ／晚安(睡觉前用)
Arrivederci, arrivederLa(敬语) ／再见
Come stai?, Come sta?(敬语) ／你好吗？
Scusa; scusi(敬语) ／对不起，不好意思
Grazie ／谢谢

Prego ／不客气，请
Per favore; per piacere ／请，拜托
Piacere ／很高兴认识你
Si ／是；No ／不是
Signore ／先生；Signora ／太太
Signorina ／小姐
Parli inglese? ／你会说英文吗？
Che ora sono? ／现在几点？

Dov'e il bagno, per favore?
请问哪里有厕所？

Dove posso combiare i soldi?
哪里可以换钱？

Posso pagare con carta di credito / travel check?
我可以用信用卡/旅行支票付款吗？

行李检查表

√ 物品	说明
随身行李(斜肩包)	
护照	护照有效期限至少要6个月以上；记得复印或照相备份
签证	确定起讫时间是否涵盖所有你将前往的申根国家停留时间；如要前往非申根国家，则需另办签证；记得复印备份
护照、签证复印件	备份文件与正本请分开放，另外可用数码相机或手机拍照备份，需要看护照时，直接看照片即可
机票	确认机票姓名及往返时间无误，抄下当地航空公司联络方式，以便更改行程或补发机票之用；记得复印备份
信用卡	如要预借现金者，请事先申请并携带密码出国；抄下信用卡公司紧急联络电话；记得复印备份
提款卡	确认已开启海外提款功能、磁卡密码设定(4码密码)；至少携带2张；抄下银行紧急联络电话(最好抄下海外服务电话号码)；记得复印备份
旅行支票	携带购买时的合约背书、收据(请与旅行支票分开放)，并抄下支票号码；记得复印备份
现金	换币时，记得兑换小额欧元以方便使用；最好将钱分放在不同地方，但要记得你放在哪里
驾照	如要租车者，需带驾照
国际学生证、国际青年证、国际青年旅舍会员卡	出国前可先办理，买机票、火车票时即可用来购买优惠票
海外急难救助保险卡	先向保险公司询问海外急难救助方式
证件大头照	可携带二三张，以利到国外补办证件使用
相机	数码相机里的照片，都可以当地照相馆刻成光碟(1片约8欧元)，或者多携带几片记忆卡(欧洲很贵)
零钱包	小额钱币放在这里，与大额钱币或信用卡、金融卡分开放，以分散风险
手机	如欲使用，出国前记得开通国际漫游功能；可当闹钟用；接听电话，需付国际漫游这一段的费用；出国前最好关闭语音信箱功能，因为只要开始留言即需付国际漫游费用；中国亲友可以短信方式联络，费用为国内短信费用
随身行李(后背式)	
笔、记事本	压按型的圆珠笔比较方便；记事本方便安排行程、写游记、记下亲友通讯录
药品	视个人需要，或拿处方到当地药房购买，当地药房跟中国类似
旅游资讯、导览书、地图	请带附地图的导览书
字典	视个人需要，市面上有小本的中意字典；当地书店也有袖珍版的英意字典
计算器	换算汇率或杀价用
防寒、雨外套和丝巾/围巾	视季节需要携带
帽子、太阳眼镜	夏季必备，冬季太阳也很亮眼，也需携带太阳眼镜
雨衣、雨具	春、秋时节较需要用到
托运行李(行李箱)	
毛巾、沐浴精、洗发精	二星级以下的饭店、青年旅馆不提供盥洗用品
牙刷、牙膏	可携带旅行专用小包装
防晒乳液、保湿乳液	气温虽不一定很高，但紫外线还是很强，要注意防晒。另外，气候干燥，最好携带保湿乳液
化妆品、保养品	依个人需要，冬天最好带乳液、护唇膏，夏季带防晒乳液；也可到当地购买
吹风机、刮胡刀	注意电压要200~220V以上
内存卡、传输线、电池、充电器	欧洲的内存卡、电池比较贵，最好自行携带；建议携带充电式电池及充电器
转换插头	若你的电器用品不是各国通用电压，则需带变压器，否则只带转换插头即可；也可到当地购买
洗衣粉	带小包装，自助洗衣可用，也可到当地购买
T恤、套衫、裤、裙、袜子	冬季室内有暖气，春、秋早晚温差大，最好以多层式穿法穿衣；夏季温度高，服装要以吸汗、透气为重
内衣裤	可携带免洗裤，用完即丢(当地并没有卖免洗裤)
生理用品	视个人需要，也可到当地购买
鞋子	2双，1双舒适耐走型，1双正式型
正式服装	看表演或到高级餐厅可穿
个人备注	

制表/吴静雯

机场篇
Airport

抵达机场后，如何顺利入出境？

从中国搭机直飞、中间转机、入境意大利，如何离开意大利机场，本章一气呵成告诉你。

认识意大利各大机场	42
如何搭飞机前往意大利	43
出境中国步骤	43
转机步骤	44
如何办理入出境手续	45
入境意大利手续	45
出境意大利手续	46
如何从意大利六大机场往返市区	47
罗马国际机场	47
米兰机场	52
威尼斯机场	55
应用意大利文ABC	55

认识意大利各大机场

罗马Leonardo da Vinci Fiumicino国际机场，是意大利的首要国际机场，大部分长途国际航线都在此起降。另一个机场则为罗马G.B. Pastine Rome Ciampino机场，往返欧洲其他国家的低价航空公司班机大都由这个机场起降。北意大利的主要国际机场为米兰的Malpensa国际机场，这个机场距离市区较远，另一个较靠近市区的Linate国际机场，也有许多国际航线。廉价航空大部分停靠附近山城Bergamo机场。

来自中国的航班，大都飞抵罗马的Leonardo da Vinci Fiumicino及米兰的Malpensa国际机场。购买机票时可买罗马进、米兰出(或相反)的机票，节省往返时间。如要直接到意大利中部的佛罗伦萨或其他城市，也都得在罗马或米兰转机，有些国内航班转机时间相当长，最好事先询问清楚。

中部的主要机场为佛罗伦萨及比萨机场，其他各主要城市也几乎都有机场，与欧洲其他各国的航线非常完善，可善用廉价航空。

机场交通小提醒

机场内，就有直达火车及巴士可前往市区，相当便利。如要搭乘出租车者，罗马机场到市区，含行李的定价是40欧元。

机场内可用的服务

资讯服务中心，好用

一般机场内都有免税商店(入海关之后可见)、失物招领处、餐饮服务、上网服务、邮局、药房、旅游资讯服务中心等，有任何需要协助之处，可洽各机场内的资讯中心(Information)。

遗失行李，这里找

请特别注意，飞往意大利，行李偶有遗失情况，贵重物品最好随身携带。如有行李遗失问题，请直接洽询航空公司。有时航空公司会直接带旅客前往遗失行李区认领。

机场遗失行李认领服务

Leonardo da Vinci Fiumicino国际机场(罗马)
电话：(06) 6595-4252　网址：www.adr.it
时间：24小时

G.B. Pastine Rome Ciampino国际机场(罗马)
电话：(06) 6595-9225　网址：www.adr.it

Milano Malpensa国际机场(米兰)
Linate国际机场(米兰)
网址：www.seamilano.eu

如何搭飞机前往意大利

Traveling in Italy

机场篇

从中国出发，出境步骤

搭乘国际航线，最好提前2小时抵达机场。前往机场前，请先确认飞机从第几航站楼起飞。

 Step 1 找到柜台

抵达机场后，先看看入口处的看板，寻找你要搭的航班，在哪个柜台办理登机手续。

 Step 2 办理登机手续

拿出护照及机票，前往航空公司柜台办理登机手续(check-in)，服务人员会给你一张登机证。大件托运行李亦在此办理(坐经济舱，一般可携带20千克重行李)。

 Step 3 汇兑

办完登机手续，通常还有一些时间，可在机场内的银行柜台换欧元或旅行支票。想办理旅游保险者，也可前往机场内的保险公司柜台办理。

 Step 4 检查随身行李

通过安检时，最好遵守禁止随身携带物品的相关规定，尤其是关于液态携带物品的规定，容积不能超过100毫升，还要置于最大容积不超过1升的、可重新封口的透明塑料袋中。

 Step 5 前往出境处

前往出境处查证护照，需出示护照及登机证。

 出境中国步骤

下页继续→

1.找到柜台 →

2.办理登机手续 →

3.汇兑 →

4.检查行李

5.前往出境处 →

6.前往登机门 →

7.候机室候机 →

8.登机出发

Step 6 找到登机门

依照沿路指标，前往登机门候机(登机证会标示在哪个登机门登机)。

Step 7 登机

听到登机广播后，若你是坐经济舱，请先等候头等舱及有小孩的乘客登机后，再出示登机证登机。

教你看懂机票

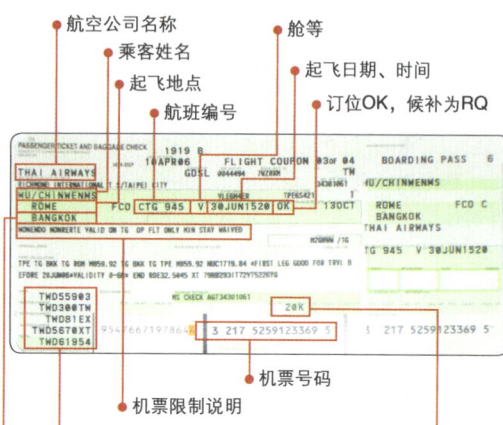

- 航空公司名称
- 乘客姓名
- 起飞地点
- 航班编号
- 舱等
- 起飞日期、时间
- 订位OK，候补为RQ
- 机票号码
- 机票限制说明
- 票价、税金、票面总额
- 抵达地点
- 行李限重20千克

中途转机，转机步骤

Steps 转机步骤

1. 沿指标走 → 2. 找到登机门 → 3. 检查随身行李 → 4. 候机

如果选择转机前往意大利也可以。在中国办理登机手续时，通常会一次办理好2个航段的登机手续。所以，转机时只要直接前往登机门候机即可，不需再到Check in柜台办理手续。行李也会从中国直接运抵最后目的地。但转机时即使都是同一班飞机，还是要把所有随身行李带出来转机。

Step 1 沿指标走

下飞机后，依"Transit / Transfer"的指标走。

Step 2 找到登机门

转机登机门前通常会有空服人员指示转机方向并发予转机证，而且也有电子看板显示登机门号码。

Step 3 检查随身行李

依照机场内的登机门指标前往登机门，进入登机门时，需通过X光安全检查随身行李。

Step 4 候机

进入登机门候机，登机前须出示护照、转机证及登机证。

如何办理入出境手续

Traveling in Italy

机场篇

抵达意大利时，要办入境手续

 Step 1 沿标志走

步出飞机后，依 "Uscita / Way Out" 标志走。

转机跟着走　　入境跟着走

 Step 2 入境检查

通过入境检查处 "Controllo passaporti"，非欧盟国家公民，请排在 "No EU Nationals" 的队伍（需出示护照，海关人员将检查签证）。

 Step 3 提取行李

通过海关后，依照 "Ritiro bagagli" （Baggage claim）标志走，提取托运行李。

 Step 4 拿推车

行李多者，可先投1欧元拿行李推车(有些机场免费)。

 Step 5 等候行李

提取行李前，请先查看电子看板，上面标示了班机号码及行李提取的输送台号码，请依据你搭乘的航班前往等候行李。

下页继续

 Steps 入境意大利步骤

1. 沿标志走　→　2. 入境检查　→　3. 提取行李　→　4. 拿推车

入境指标　　　　　　　　　　　　　提领行李

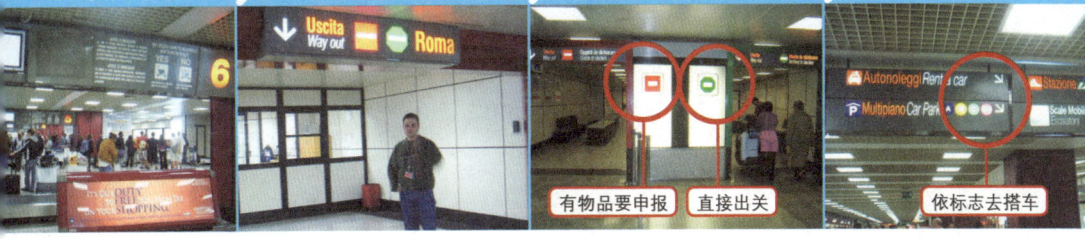

5. 等候行李　→　6. 通过海关　→　7. 申报物品　→　8. 离开机场

　　　　　　　　　　　　　　　　有物品要申报　直接出关　　依标志去搭车

 ## 通过海关

拿到行李后，依"Uscita"标志通过海关。

 ## 申报物品

海关通常不会检查行李，若没有物品要申报，请走绿色通道"Niente da dichiarare"直接出关；需要申报，请走红色通道"Oggetti da dichiarare"。

 ## 离开机场

出海关后，依各种标志前往搭出租车处(Taxi)、公交车处(Bus)、租车处(Autonoleggi)或火车站(Stazione)，前往市区或其他目的地。

⁉ 入境意大利免税品限额

现金：10 329欧元以下(不包括旅行支票及信用卡额度)
酒精：葡萄酒2公升；威士忌1公升
香水：香水50cc；古龙水250cc
相机：2台

退税小提醒

旅游旺季，国际机场旅客相当多，如要退税者，最好提早到机场办理登机及退税手续，否则请先在市区的退税处先办理退税手续，但市区退税需扣手续费。

离开意大利时，要办出境手续

 ## 找到出境楼层

如果是搭火车到机场，下火车后，即可看到电子看板，请查看应在哪个航站楼办理登机手续，之后再循"Partenze / Departure"标志，前往出境楼层办手续。

Step 2 柜台办理登机手续

查看电子看板，找所搭乘飞机航班的check-in柜台号码。前往柜台办理登机手续及托运行李(要退税的物品及贵重物品，最好随身携带)。

Step 3 前往登机门

1.向海关人员出示护照及登机证。2.检查随身行李。3.检查护照。4.依标志前往登机门候机，听候广播登机，出示护照及登机证登机。

 ## 办理退税

入海关后，需办理退税者，请前往退税海关(Custom)盖章及退税柜台办领退税金(Tax Refund)，详情请参见p.122"购物篇"。

出境意大利步骤

1.找到出境楼层 → 2.柜台办理登机手续 → 3.前往登机门 → 4.办理退税

登机柜台方向标志

如何从意大利六大机场往返市区

机场篇

罗马 Leonardo da Vinci Fiumicino 国际机场

大部分飞抵意大利的国际航班都在此机场降落。每个航站楼都有资讯服务中心或自动资讯服务屏幕。T1~3航站楼都连在一起，出机场内的火车站可先看资讯看板，了解自己的登机柜台在第几航站楼。

官方网站：www.adr.it
电话：06 65951
失物招领电话：06 6595 5253

火车

从达·芬奇Leonardo da Vinci Fiumicino机场，可搭乘直达火车Leonardo Express前往罗马市区的Termini火车站。Leonardo Express详细发车时刻表请见官网www.ferroviedellostato.it，电话：892021。

另外，也可搭乘一般火车FM1前往市区，终点站是罗马的另一个火车站Stazione Ostiense或Roma Tiburtina(若要由市中心或Termini火车站前往，可搭乘地铁蓝线B，约7分钟即可抵达)，车程约30分钟，费用为8欧元，但常会误点，FM1火车详细发车时刻表请参见网站www.ferroviedellostato.it。

Leonardo Express火车搭乘资讯

起讫点	车程	票价	营运时间/班次
罗马达·芬奇机场→市区Termini火车站24号站台	32分钟	单程€14 限打票当天使用	＊自达·芬奇机场发车：06:38~23:38 ＊自Termini火车站23、24号站台发车：05:52~22:52，每30分钟一班

一般火车FM1搭乘资讯

起讫点	车程	票价	营运时间/班次
罗马达·芬奇机场→市区Roma Tiburtina及Ostiense火车站	47分钟	单程€8 限打票当天使用	＊05:57~23:27 ＊平日每15分钟一班车 周末假日每30分钟一班车

＊以上资讯时有异动，出发前请再次确认。

火车搭乘方法

Step 1 找到机场车站

从机场前往罗马市区,请依"Stazione"的标志,前往机场内的火车站搭乘火车。

Step 2 购买车票

可到人工购票处买火车票,或利用自动购票机器买票。

Step 3 打印车票

上车前,请先在站台前的黄色机器打印车票。将票插入黄色机器中,即会自动打上当天日期及搭乘时间(没打票者会被视为逃票)。

Step 4 确认火车

每个站台前,都有看板显示目的地及发车时间,欲前往罗马市区请搭乘前往Roma Termini的火车。

Step 5 确认车等

火车车厢外侧都会标示1等或2等车厢,以及吸烟区或非吸烟区(罗马Leonardo Express只有一种车厢)。

Step 6 置放行李

行李较大者,可从标示行李图样的该节车厢上车,上车后,车厢门旁就有置放行李的位置。

Steps 搭火车步骤

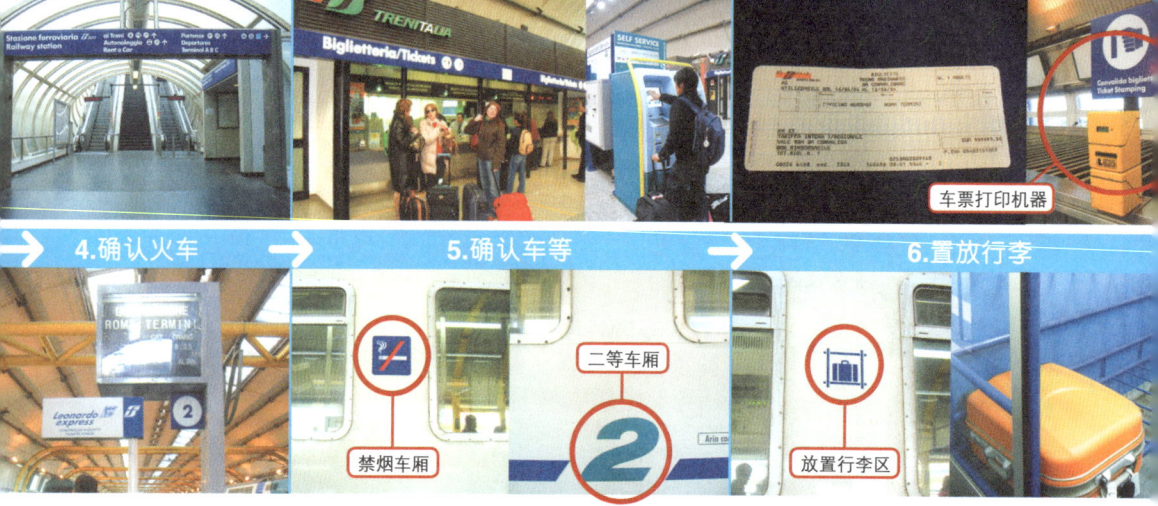

自动售票机购买火车票

全国性信用卡售票机　　全国性现金/信用卡售票机　　地区性售票机　　机场快速售票机

 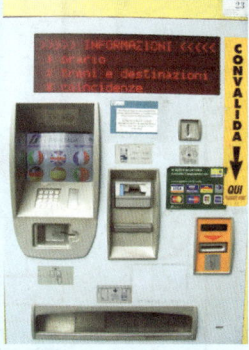 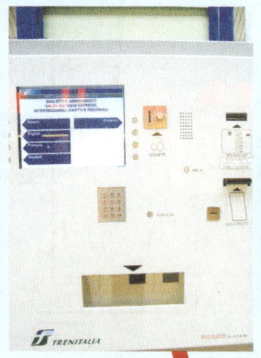 

机场篇

Step 1　选择售票机
一般有3种自动售票机，一种是全国性，一种是地区性，还有一种是快速售票机。

Step 2　选择语言
Seleziona La Lingua选择语言，有意大利文、英文、法文、德文、西班牙文可选。

Step 3　选择车票种类
机器画面会先预设前往市区Termini火车站的当日单程票，若你想买一周票或前往其他地方，则选其他按键。票张数，请按数字键选择。

Step 4　选择目的地
机器画面会出现几个重要车站的名字，若这些都不是你想去的，请按"Other destinations"选择其他目的地。当画面跳到所有火车站列表时，请按"Previous Page"或"Next Page"往前或往后翻选。

*全国性火车购票方式请参见p.70。

- 信用卡或金融卡插卡处
- 投币处
- 屏幕选项
- 选择按钮
- 说明键
- 数字键，地名以数字清单列出，只要按选屏幕查询地点代号输入即可
- 取消键
- 取票及找零处
- 纸钞入口

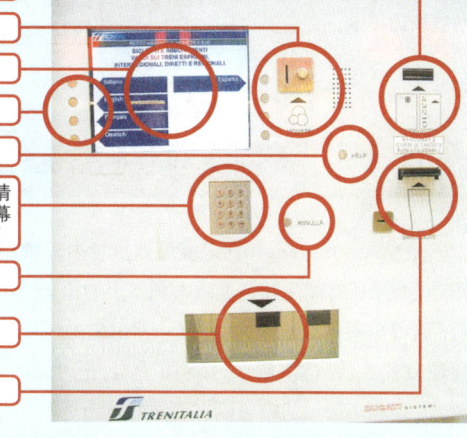

快速购票(Quick Choice)、单程票(One Way Ticket)、二等车厢成人票(2nd Class Adult)：由机场到罗马Termini火车站。

快速购票(Quick Choice)、一周票(Weekly Tickets)、二等车厢(2nd Class)：这是一周内可搭乘的车票，不限定当日搭乘。一周内的行程可先购买，抵达火车站即可直接搭乘火车，不必再排队购票。

手机预付卡加值功能键，一般游客不会用到

如要购买到其他目的地的票或月票，请按此键

下页继续→

Step 5 付款取票

投硬币或使用信用卡买票(若要取消,请按Annulla键),付款后即可取票。投币时请注意,找零最多只找9欧元,超过10欧元的话,机器会打印出一张凭据,请凭这张收据到各火车站的购票柜台换取现金。

地区性售票机一般只收取现金,只有少数火车站的地区性售票机收取信用卡。

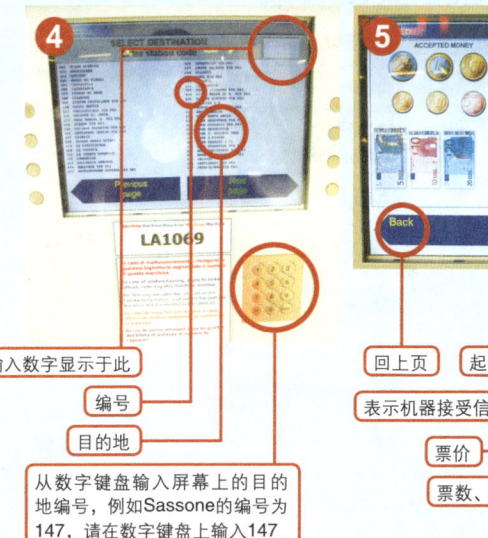

- 输入数字显示于此
- 编号
- 目的地
- 从数字键盘输入屏幕上的目的地编号,例如Sassone的编号为147,请在数字键盘上输入147
- 回上页
- 起讫点
- 表示机器接受信用卡付费
- 票价
- 票数、票种及车厢等级
- 火车票价

机场租车

依循Autonoleggio直走就可到机场内设置的租车处,几乎所有国际知名及意大利本土的租车公司都有。建议出国前先通过网络租车,费用会比现场租还要便宜很多。抵达之后,直接到租车处办手续领车即可。大型租车公司通常可以在不同的城市还车。意大利汽油很贵,租车最好租Metano的车种,燃料会便宜很多。但加汽油站通常在郊区,一定要向租车公司索取加汽油站地图(租车资讯请参见p.76)。

巴士

机场外面都会有往返市区或其他大城市的巴士,费用通常比机场直达火车便宜,但要注意高峰时间可能会遇到堵车问题。有些廉价航空的网站可以订购机场巴士,通常订票时一起预订可享折扣。

出租车

机场外可找到出租车,由罗马Fiumicino机场搭出租车到市区40～50分钟,请搭乘标有"SPQR"字样的罗马市区出租车。罗马市政府规定由机场到市区的统一费用为40欧元,含行李,最多可坐4人。

搭出租车小提醒

请特别注意,虽然罗马市政府已经统一规定机场到市区费用为40欧元,但仍有些不肖出租车自己立着60欧元的牌子骗游客。

罗马 G.B. Pastine Rome Ciampino 机场

欧洲的低价航空公司航班，大都会在此机场起降，像是Ryanair或Easy Jet航空。
官方网站：www.adr.it
电话：06 794941

巴士

可搭乘Terravision巴士，往返罗马市区的Termini火车站及G.B. Pastine Rome Ciampino机场。夜间则可搭乘Cotral / Schiaffini机场巴士。另外，也可搭乘地铁Linea A(地铁每12分钟一班车，连接Termini火车站及Ciampino火车站)到Anagnina站，然后转乘上面提到的Cotral/Schiaffini机场巴士前往机场(€1.20)；或者搭乘火车到Ciampino火车站，然后转乘Cotral / Schiaffini机场巴士；后者的好处是，这样会比较便宜，堵车时段，可避掉市区堵车路段(不过这只适合背大背包者，高峰时间拉行李搭地铁也很不方便)。搭出租车到市区为€30。

● Cotral官网：www.adr.it/content.asp?Subc=1675&L=3&idMen=731
● Schiaffini官网：www.schiaffini.com

Cotral巴士搭乘资讯 (800-174 471)

起讫点	车程	票价	营运时间/班次
Ciampino机场→ 市区Termini火车站 (Via Giolitti)	45分钟	单程€4.50 来回€7.99 (车上购票即可)	＊自Ciampino机场发车： 06:47～00:15 ＊自Termini火车站发车： 04:45～00:25 ＊约每30分钟～1小时一班车

＊网络购票便宜€2　　＊以上资讯时有变动，出发前请再次确认。

廉价航空

目前由Ciampino机场飞的廉价航空航线几乎遍及欧洲各国和地区，包括英国、法国、比利时、德国、西班牙、北欧、捷克、波兰等，主要航空公司有Easy Jet、Ryanair、WizzAir。另外还有飞往西西里岛、撒丁岛及北意的Treviso。有时巴黎到罗马的机票只要200元人民币左右，航班资料可参见www.whichbudget.com或Skyscanner网站以及p.30。

罗马市区Termini火车站外面的广场，为市区及机场巴士的停靠站

米兰 Milano Malpensa 机场

飞往米兰，长途国际航班大都至Milano Malpensa国际机场降落，此机场距离市区约50分钟车程。

官方网站：www.airportmalpensa.com

电话：02-232 323

- **米兰机场快车资讯**
  官网：www.malpensaexpress.it
  电话：199-151152

- **米兰一般火车资讯**
  官网：www.trenitalia.com
  电话：892021

- **米兰地铁**
  官网：www.atm-mi.it
  电话：02 480 311
  　　　800 808181

火车

可由Milano Malpensa机场的Terminal 1(Terminal 2有免费衔接巴士可前往Terminal 1)，搭乘机场快车(Malpensa Shuttle)前往米兰市区的Cadorna火车站；抵达市区后若要到米兰的中央火车站(Milano Centrale)，可转搭地铁(2或3号线)前往。不赶时间的话，也可到机场附近的Gallarate火车站，搭乘地区性火车前往市区的Cadorna火车站，这样交通费会比较便宜。机场Terminal 1及2，都有免费衔接巴士可至Gallarate火车站。

前往Milano Malpensa国际机场，可从米兰市区的Milano Cadorna火车站搭乘直达车

Malpensa Shuttle机场快车搭乘资讯

起讫点	车程	票价	营运时间/班次
Milano Malpensa 机场→市区 Cadorna火车站	30～36分钟	单程€11 4～14岁€5 2大2小家庭票€25	＊自Milano Malpensa机场发车：05:53～01:00 ＊自Cadorna火车站发车：04:30～23:00 ＊约每30分钟一班车

＊以上资讯时有变动，出发前请再次确认。可上网下载App软件：MXP。

出租车

由米兰Malpensa机场搭出租车到市区约50分钟，请搭乘贴有 "Taxi autorizzato per il servizio aeroportuale lombardo" 的出租车。往返机场、市区费用为€60～90。

Traveling in Italy

机场篇

Milano Cadorna火车站内的售票处

看板最右侧有飞机标示的，即为前往机场的机场快车

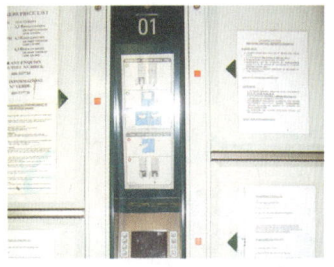
Milano Cadorna火车站设有寄放行李的寄存箱

Milano Cadorna火车站也提供Malpensa机场的飞机起降资讯

往返机场与Milano Cadorna火车站之间的地区性火车

Milano Cadorna火车站站台前设有自动购票机(记得在黄色机器上打票)

巴士

若要从Milano Malpensa机场到市区，搭巴士到中央火车站(Milano Centrale)是最方便的。米兰中央火车站算是交通枢纽，从这里搭火车到其他城市或市区各点，都很方便。巴士站就位于机场Terminal 1的6号出口，车票可在机场内的Thomas Cook(位于机场抵达楼层的2号及5号出口旁)购买，或是上巴士后向司机购买。

如果要前往米兰国际展览场(Fiera Milano)者，此班巴士在展览场前也设有停靠站(站名是via Teodorico)。

米兰中央火车站外的机场巴士

Malpensa Bus Express巴士搭乘资讯

起讫点	车程	票价	营运时间/班次
Milano Malpensa机场→ 米兰中央火车站Centrale	50分钟	单程 €7.50～10 来回票 €13～16	＊机场到市区06:30～22:10 ＊市区到机场04:30～20:30 ＊约每20分钟一班车 ＊ticketonline.malpensashuttle.it

＊以上资讯时有变动，出发前请再次确认。可下载上网App软件: MXP Shuttle。

米兰 Milano Linate 机场

Linate机场离米兰市区很近，仅约7公里远。车程约30分钟。
官方网站：www.milanolinate.eu
电话：02 232323

巴士

从Linate机场发车的巴士，游客常用到的4条路线分别是：前往米兰中央火车站(车票可在Agenzia Starfly Linate处或在巴士上购买)、前往市中心(车票可在Bar、报摊或利用巴士站牌旁的机器购买)、前往米兰国际展览场(有展览，才有巴士服务，欲了解展览或交通详情请链接至www.fieramilano.com)、前往Milano Malpensa机场(车票可在巴士上购买)。以下列表提供清楚搭乘资讯。

Starfly巴士搭乘资讯

起讫点	车程	票价	营运时间/班次
Linate机场→ 米兰中央火车站Centrale (在抵达楼层搭车)	30分钟	单程€5	*06:05～23:45 *约每30分钟一班车 *电话：02 5858 7237

Line73 米兰市区巴士ATM搭乘资讯

起讫点	车程	票价	营运时间/班次
Linate机场→ 市中心主教堂后面 Milano Piazza S.Babila (在抵达楼层搭车)	25～40分钟	单程€1.5	*06:05～00:55 *约每10分钟一班车 *电话：800 80 81 81

从Linate机场搭乘前往市区的Line73巴士

Air Pullman Noleggi巴士搭乘资讯

起讫点	车程	票价	营运时间/班次
Linate机场→ 米兰国际展览场 Fiera Milano	50分钟	单程€5.50	*09:30～16:30 *约每小时一班车 *有展览，才有巴士服务 *电话：02 5858 3185

Malpensa Shuttle Air Pullman衔接巴士搭乘资讯

起讫点	车程	票价	营运时间/班次
Linate机场→ Milano Malpensa机场 (在抵达楼层搭车)	30～60分钟	单程€12	*发车时间：04:30、05:30、07:00、09:30、11:00、12:30、14:30、16:30、21:30 *有展览，才有巴士服务 *电话：0331 258411

*以上资讯时有变动，出发前请再次确认。

出租车

从Linate机场搭出租车前往市区，€20～30。机场外设有出租车站，叫车很方便。

米兰 Milano Orio Serio机场 (Bergamo城)

廉价飞机大部分是在米兰郊区Bergamo镇的Orio机场(官方网站:www.sacbo.it, 电话: 035-326 323)起降。可搭火车到Bergamo火车站转搭市区公交车到机场(电话: 892021)，或由米兰搭巴士直达机场。由米兰市区搭出租车€65～95。

Bergamo巴士搭乘资讯

起讫点	车程	票价	营运时间/班次
Bergamo火车站→机场		单程€2	*05:18～00:00 *电话: 035 236026
米兰中央火车站→机场		单程€9	*04:00～23:30 *每30分钟1班 *电话: 035 318472

威尼斯 Aeroporto di Venezia Marco Polo 机场

巴士

从威尼斯火车站附近的Piazzale Roma搭5号公交车，或ATVO机场线到机场，或从Mestre火车站旁搭15号公交车(官方网站: www.veniceairport.it, 电话: 041 2424)前往。水上出租车(1～4人船)到古城区€100起。

Venezia巴士搭乘资讯

起讫点	车程	票价	营运时间/班次
5号公交车→机场	约20分钟	单程€1.10	*04:40～00:40
15号公交车→机场		单程€1.10	*05:20～20:30
ATVO→机场		单程€3	

应用意大利文 ABC

机场用语

各类标示用语
Arrivi / 入境(抵达)楼层
Partenze / 出境楼层
Uscita / 出口
Ingresso, Entrata / 入口
Polizia, Carabinieri / 警察
Bagni, Toilet / 厕所
Informazione / 资讯中心
Stazione / 火车站
Aeroporto / 机场
Fermata / 巴士站
Binario / 站台

出入境用语
Corridoio / 走道
Finestrino / 窗户
Dove sono le partenze / gli arrivi?
请问出境/入境大厅在哪里?
Dove si ritirano i bagagli?
请问我要在哪里提取行李?
Ho perso i bagagli.
我的行李遗失了。
Spedite i bagagli a questo indirizzo.
行李找到时，烦请寄到这个地址。

通过海关用语
Turismo / business / studio
观光/商务/学生
Una settimana / mese / anno
1个星期/月/年
Cosa fai in italia?
你来意大利做什么?
Dove abiti?
你会住在哪里?
Quanto tempo stai qui?
你会在这里停留多久?

搭乘交通工具用语
Biglietteria / 购票处
Orario / 时刻表
Solo andata / 单程票
Andata e ritorno / 来回票
Prima classe / 头等舱
Seconda classe / 二等舱
Dove posso prendere il treno / taxi / l'autobus per il centro?
我要在哪里搭火车 / 巴士 / 出租车到市区?
Un biglietto per Roma / Milano, per favore.
麻烦，买一张前往罗马/米兰市区的车票。
A che ora parte? / 几点出发?
A che ora arriva a Firenze?
几点会到佛罗伦萨?
Quale binario? / 哪个站台?
Il treno e'cancellato / in ritardo
火车取消/误点了。

开始在意大利
自助旅行

住 宿 篇
Accommodation

在意大利旅行，
有哪些住宿选择？

　　本章列出7种意大利住宿选择，你可从预算、停留时间、地域特色、交通等条件多方考量。当然，你也可以到当地后，请旅游资讯中心给予协助。

住宿种类	59
旅馆	59
连锁旅馆、青年旅舍	60
房间及公寓式住宿、沙发客、农庄	60
露营区	61
实用订房网站	61
如何选择合适的住宿点	62
交通便利	62
地域特色	62
预算与同行人数	62
停留时间	62
应用意大利文ABC	62

意大利境内，住宿服务很完善

意大利是个很热门的观光国家，因此境内各个大小城镇的住宿服务都相当完善，不太需要担心没有地方住（除非遇到像威尼斯嘉年华会或米兰家具设计展）。一般说来，主要火车站附近都可找到便宜的住宿点。若不想提着行李到处找住宿点，建议先订房。目前网上订房服务十分便利，而且都会有一些折扣优惠。若有固定使用的订房网站，还可享受积分回馈。

善用旅游资讯中心

若未事先预订旅馆者，可在抵达目的地后，直接前往旅游资讯中心或旅馆订房中心（通常设在火车站内或火车站附近）请服务人员帮忙预订（有些提供免费预订，有些则酌收一点手续费）。

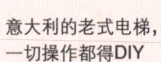
如何使用意大利老式电梯

意大利的建筑是不可以随便改建的，因此许多电梯仍是老式电梯。搭电梯时，得自己打开电梯门；进入电梯后，要自己关上电梯门、按楼层；抵达后，再自己打开电梯门，随后关上，否则电梯就一直停在那里无法使用。此外，意大利楼层的算法与中国不一样。0是指地面楼层，也就是我们的1楼，1楼则为我们的2楼，以此类推。另外，在那波利搭电梯要投零钱喔！

意大利的老式电梯，一切操作都得DIY

火车站附近，同一栋大楼内通常就有很多家旅馆，可按门铃问有没有空房及看房间

住宿种类

旅馆门口都会清楚标示星级，三颗星即代表三星级旅馆，二颗星即代表二星级旅馆

意大利住宿选择非常多，很多是家族经营的旅馆。住宿种类有：旅馆、民宿、假日公寓出租、青年旅馆、农庄，等等。

旅馆

意大利的一般旅馆(Albergo／Hotel)是以星级来分，分为一至五颗星，旅馆门口或招牌都会标示。一星级旅馆双人房每晚€40～70，非常靠近市中心的一星级饭店旺季时双人房每晚可能要价€100；二星级饭店双人房每晚为€85～120；三星级饭店每晚€120～180；四星级€220～350，价格最高者为五星级饭店，每晚€300以上。罗马、威尼斯及佛罗伦萨饭店住宿费用通常比其他城市高。

二星级以下旅馆大多不提供吹风机、热水、保险柜、电话，订房时也要特别注意是否含卫浴设备或早餐(通常只有面包、咖啡)，有些较便宜的房间是共用卫浴。如有贵重物品要寄存者，或需要"morning call"者请直接问柜台。此外，最好自己携带盥洗用品，二星级以下的旅馆大部分并没有提供。

订房注意事项小提醒

- 意大利各地火车站附近的大楼，常设有许多小旅馆，有些一星级或二星级旅馆可能没有电梯，会带重行李的旅客，订房时应事先询问清楚。
- 三星级以下的旅馆通常并不提供盥洗用具，请自备牙刷及盥洗用具；四星级以上大部分也没有牙刷，自己没带的话可询问楼层管家是否可提供。
- 威尼斯嘉年华会、米兰国际家具设计展、7～8月郊区城市都要事先预订房间，否则可以考虑住在卫星城市，像是威尼斯的Mestre区。

一～二星级旅馆

公寓式旅馆及民宿

三星级饭店房间内通常设有卫浴设备

这类建筑，通常是三星级饭店规模

很多四星级饭店设在典雅的老建筑中

五星级旅馆房间格局

连锁旅馆

连锁旅馆通常走的是现代化商务型设计,大部分位于市区、展场及机场附近,周末价格会比较便宜。

常见的旅馆有较平价的Ibis(www.ibishotel.com)、商务型旅馆有Accor(www.accorhotels.com)、Mercure(www.mercure.com)、Novotel(www.novotel.com,机场附近几乎都可找到这家旅馆)、Holiday Inn(www.holidayinn.com)、意大利四星级连锁旅馆Una Hotels(www.unahotels.it)。

青年旅舍

青年旅舍(Ostello / youth hostel)不限定青年朋友才能投宿。费用较为便宜,位于大城市者费用€20～25,小城市者则€15～20。有些青年旅舍距离市区较远,不过,现在也有越来越多青年旅舍位于市中心。每个青年旅舍的门禁时间规定及进退房时间不一,记得事先询问清楚。

青年旅舍通常为6床左右的上下铺房间,内有放置个人物品的储存柜

青年旅舍内的娱乐室,是与各方自助旅行者交流的好地方

房间及公寓式住宿

房间出租(Affitacamere)类型的住宿点,不列入星星等级评量,费用通常会比较便宜。不过,像是阿尔卑斯山区之类的房间,则可能相当高级且昂贵。租屋详情请参考p.62的"考虑4:停留时间"。

沙发客Couch Surfing

近年来也相当流行沙发客旅行方式,只要加入沙发冲浪网站成为会员,就可以寻找愿意免费提供住宿给你的沙发客。好处是不但可以省钱,而且可以结交当地朋友。不过寻找时当然要仔细筛选。

农庄

意大利现在很流行农庄度假(Agriturismo),在农庄投宿如遇到采收季节,还可享受采收之趣,或到附近的森林采蘑菇。有些农庄提供厨房自炊,有些则可在农庄内享受当地食材料理的野味。

Umbria农庄

找旅馆小提醒

如果真的找不到旅馆,可以直接问任何一家旅馆的服务人员,大部分意大利人都有相当广的人脉资源,只要告知价位,大都可介绍一些亲友开设的旅馆或民宿,可先看看房间,再决定是否要住。

露营区

意大利的露营区虽然大部分都在市郊，但通常附近都会有公交车，对于自行开车者尤其理想。露营区的设备相当齐全，若没有帐篷可租帐篷，或选择小木屋或拖车型住房，里面含卫浴甚至厨房，大型的露营区还有游泳池、餐厅、酒吧等设施。最棒的是，费用相当便宜，帐篷一人约€9起价，小木屋每人€22～40。

住宿小提醒

- **礼仪**：出房间，切勿穿着睡衣。
- **洗澡**：意大利厕所都没有排水孔，洗澡时要把浴帘或淋浴门拉好，以免淹水。
- **水龙头**：C是指热水(Calda)，F是指冷水(Fredda)。
- **拿名片**：在饭店办理入住手续之后，记得拿张饭店名片，如果迷路的话，至少可拿名片问路，或搭出租车回饭店。
- **告知退房日**：记得告知饭店柜台你的退房日期。如果想多住几天，但饭店可能有某个晚上没有空房，则可将行李寄存在原饭店，携带随身行李到其他饭店投宿一晚。

实用订房网站

旅馆比价网站
只要点击旅馆及日期，就会比较各大订房网站该旅馆的价钱。
http://www.hotelscombined.com

意大利民宿联盟
有各城市的民宿资讯。
http://www.bbitalia.it

意大利露营区搜寻网站
http://www.camping.it

沙发冲浪网站
http://www.couchsurfing.org

青年旅馆官方网站
只要点击城市就会列出该联盟的青年旅馆。这个联盟的青年旅馆卫生及安全通常达到水准以上，可以住得较安心。
http://www.hihostels.com

农庄预订网站
意大利现在很流行农庄住宿，这个网站有意大利各大城市的农庄住宿。
http://www.agriturismo.it
http://www.agriturist.it

综合旅游网站
只要到各城市的旅馆部分点击自己喜欢的旅馆，再点击比价选项，就会自动跳出expedia、Venere、Hotels等知名国际订房网站的价钱。
http://www.tripadvisor.com

全球便宜旅馆网站
有意大利各城市的青年旅馆及1～3星级经济型旅馆与民宿，并详细列出评比与照片。
http://www.hostelworld.com

实用订房App

各订房网站都有自己的App，可下载习惯使用的订房网站。

Agoda：全球订房网站，时有手机App预订优惠价。

Bookings.com：全球订房网站，iOS及Android系统均有。

Hotels.com：全球订房网站，iOS及Android系统均有。

Expedia Hotels：全球订房网站，iOS及Android系统均有。或者直接下载综合订房网站TripAdvisor。

Budget Hotels Europe：付费软件,可订欧洲各城市的平价旅馆。

HI Hostels：YHA订房软件(iOS系统)，或适用各种平台的Hostelworld。

B&B Italia：免费iOS软件,可查询意大利全国的民宿资讯。

如何选择合适的住宿点

考虑1　交通便利

一般来说，住在市中心会比较方便观光。如果是以大众交通工具旅游者，多花点钱住在市中心，晚上也可外出用餐或欣赏夜景。如果自己有交通工具者，则可考虑住在市郊。

考虑2　地域特色

另也可依城市特色，选择住宿种类。到一般大城市，可选择投宿一般旅馆，选择较多；到小城市，则可选择住在民宿，体验意大利小城生活；如果是到乡下，那当然要投宿农庄或酒庄，体验真正的乡村气息。

考虑3　预算与同行人数

预算较紧或一个人旅游者，建议可投宿青年旅馆，既安全，又可结交新朋友、交换资讯。如为两人同游者，倒是可考虑民宿或一～二星级旅馆，费用有时比青年旅馆便宜。欧洲旅馆的单人房价钱通常跟双人房相差不多。

考虑4　停留时间

若预计在同一个地点会停留较久，则可租公寓，一些度假胜地都有一星期以上的公寓出租。多人分摊，费用其实还是很划算的，而且还可自炊。长期居留者，如果要在罗马这样的大城市租屋，市中心公寓一个月约€1 000，另还要押金；若是租一个房间，则€200以上。车站、书店、上网中心都可找到租屋广告。

应用意大利文 ABC

住宿用语

Lenzuola／床单
Asciugamano／毛巾
Carta igienica／卫生纸
Coperta／被单
Cerco un albergo / pensione / ostello.
我在找饭店／民宿／青年旅馆。
Dov'e' un albergo a buon prezzo?
哪里有便宜的饭店？
Mi puo' scrivere l'indirizzo, per favore?
你可以帮我写下地址吗？
Come si arriva dalla stazione?
我要怎么从火车站到旅馆？
Avete camere libere?
有空房间吗？
Vorrei una camera singola / doppia con bagno.
我想要一间单人房／双人房，带卫浴。

La colazione e' inclusa? / Dove si fa colazione?
包含早餐吗？／在哪里用早餐？
Quanto costa una notte? / Quanto costa a persona?
一个晚上多少钱？／一个人一个晚上多少钱？
Posso prima vederla?
我可以先看房间吗？
Parto/ partiamo oggi / domani / dopo domani.
我／我们预计今天／明天／后天走。
Vorrei prenotare una camera doppia a nome di......
我想以……名字预订一间双人房。
Vorrei prenotare da......a......
我想从……(日期)预订到……(日期)。
Posso aggiungere un letto per una persona?
我可以加一张床吗？
Vorrei la sveglia alle 6.
我想要早上6点的叫醒服务。

交通篇
Transportation

意大利内外走遍遍，该用什么交通工具？

意大利南北狭长，无论是在境内或通往境外，飞机、火车、巴士均是很常见的交通选择。走访意大利各大城市，如米兰、威尼斯、罗马、佛罗伦萨，也有方便且深具地方特色的交通工具可搭乘。

意大利境内公共运输系统	**64**
飞机	64
火车	65
巴士、渡轮	75
开车	76
意大利境外连接他国运输系统	**79**
飞机、火车、巴士	79
意大利市内公共运输系统	**80**
学会买车票	82
学会搭巴士	84
学会搭地铁	85
学会搭出租车	86
学会搭水上公交船	87
学会搭贡多拉	88
应用意大利文ABC	88

意大利境内公共运输系统

意大利一些桥梁会有这样的装置，方便轮椅上下

意大利南北狭长，主要交通工具有飞机、火车、长途巴士、轮船。

意大利南北狭长，主要交通工具有飞机、火车、长途巴士、轮船。如果要南北跑的话，交通时间较长、旅游时间有限者，建议可搭乘飞机或火车夜车。长途巴士夜车较不舒服，不建议搭乘，但如果是大城市到小城市的短程路线，巴士比火车来得便利，一般可直达各小城的市中心。

长途路程可善用卧铺，省下一个晚上的住宿费用

托斯卡纳地区的SITA巴士，连接附近的各大小城镇

别人家有车库，威尼斯人的家有"船库"

飞机

目前意大利国内除了意大利航空外，也有许多票价便宜的航空公司（需线上订票）。若要从意大利北部前往南端的西西里岛或那波利者，可善用国内航空。

意大利交通实用App

Prontotreno
官方App，可查询及购买火车票。

Orari Trenitalia
免费火车班次查询。

Rail Planner Eurail／InterRail
免费欧洲火车路线规划程序。

意大利国内低价航空

低价航空联合查询网站：
网站：www.whichbudget.com

Ryanair
网站：www.ryanair.com
电话：06 656 41, 848-865 641

Air Italy
网站：www.airitaly.com
电话：800 900 966, 06 4888 0066

Meridiana
网站：www.meridiana.it
电话：0789 526 00, 199 111 333

EasyJet
欧洲知名便宜航空公司，常有超特惠机票
网站：www.easyjet.com

＊廉价航空比较表与资讯，请参考行前准备篇p.30。

Traveling in Italy

火车

意大利国铁,目前已改为Trenitalia公司经营,相关旅游资讯可洽残障服务专线:199 303 060、购票电话:892-021、网站:www.trenitalia.it

交通篇

火车种类

意大利的火车分为:"欧洲之星"(ES)快速火车、InterCity(IC)二等快速火车、地区性火车及夜车。

"欧洲之星"(ES)及特快"欧洲之星"(AV)

这是最不会误点的火车,当然票价也是最贵的;不过,如果赶时间的话,最好多花一点钱搭乘"欧洲之星"。从米兰到罗马搭特快车仅需3小时。持火车通行证(Rail Pass)者,若要搭乘"欧洲之星",得先到柜台预订座位(预订费€10)。

IC二等快速火车

同样是快速火车,不过停靠站较多,因此比"欧洲之星"还要慢,误点概率也较高,尤其是假日。持火车通行证者,不需另加费用,即可搭乘。

地区性火车(R)

这是停靠各小站的慢车,如果有时间,想慢慢浏览地区风光,可搭乘这种便宜的慢车,来趟悠闲的火车之旅。

夜车

大部分是长途或国际火车,持火车通行证者,可额外付费预订卧铺(Cuccetta),否则乘坐一般座位并不需额外付费。

火车种类的速度比较表

起讫点	火车种类	花费时间
罗马→佛罗伦萨	"欧洲之星"	1小时40分钟
	IC二等快速火车	2小时40分钟
	地区性火车	3小时40分钟

西西里岛巴勒莫的区域性火车

快速火车内的用餐车厢

快速火车的厕所

火车车窗标有座椅编号

开放式座椅车厢,这是快速火车内部一景

行李可放在座位上面,或两个椅背中间

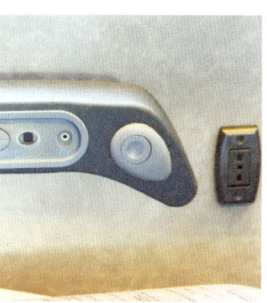
快速火车的座位通常设有插座,把手可拉起

包厢式座椅。空位没人坐,可将椅背放下平躺

意大利境内各类火车介绍

火车种类	快速火车"欧洲之星"Eurostar(ES) / (AV) Cisalpino(CS) Frecciarossa	第二等快速火车 Intercity(IC) / EuroCity(EC)	地区性火车 Treno Regionale(R) Diritto(D)	国际夜车 Treno Notturno / Euro Notte
内部介绍	*持火车通行证者，需在柜台或自动购票机(在选票种时时击：Pass)加价预订座位，才可以搭乘 *座位为4人对坐的开放座位，上面会贴预订资讯 *头等车厢有免费饮料、点心、报纸	*持火车通行证者，搭乘此种列车不需另外加价 *为6人车厢；没有预订者可看车厢外是否贴有预订标示，可坐在没人预订的位置	*不需预订 *上下班时间通常很拥挤	*最好先预订 *长途旅行者，建议预订床铺(cuccetta)，多加€18～25(一个车厢4～6床)，较能舒服休息 *如未预订床铺，则是在一般车厢的座位上过夜
火车服务	*餐车服务／用餐车厢 *插座	*餐车服务／用餐车厢 *座位可拉开平躺	*餐车服务	*餐车服务 *有枕头、被单、毯子、矿泉水、早餐

意大利各大城市交通概况

各大城市主要火车站	罗马 Roma Termini	佛罗伦萨 Firenze Stazione Centrale F.S. S. Maria Novella	威尼斯 Venezia Stazione Santa Lucia(Ferrovia)	米兰 Milano Centrale
与市中心的距离	*步行到西班牙广场，约25分钟 *搭地铁Linea A，约5分钟	*步行到主教堂，约10分钟	*搭水上巴士1或82号，35～60分钟，步行约40分钟	*搭地铁线Linea 1或3到主教堂，约10分钟
与各主要城市的距离(搭火车)	*佛罗伦萨：约1小时45分钟 *那波利：1～2小时15分钟	*威尼斯：约3小时 *米兰：约3小时 *博洛尼亚：约1小时 *比萨：约50分钟	*米兰：约2小时50分钟 *维罗纳：约1小时30分钟	*罗马：3～6小时30分钟 *维罗纳：约1小时30分钟
站内服务	*旅游服务中心 *汇兑／提款机 *寄存行李 *自助餐厅、咖啡馆 *购物商店／超市(B1) *书店 *电讯公司服务柜台	*旅游服务中心 *药店 *汇兑／提款机 *自助餐厅及麦当劳	*旅游服务中心 *药店 *汇兑／提款机 *自助餐厅	*药店 *购物商店 *超市 *汇兑／提款机 *餐厅 *出售前往Malpensa机场的巴士车票

火车票种类

意大利火车，一般分为一等车厢、二等车厢及卧铺。一等车厢的价位，约是二等车厢的2倍；快速火车(Eurostar Alta / Eurostar / Cisalpino)的车资比一般火车贵；2010年特快车AV开始行驶，意大利火车网站常有特惠票。

购买火车通行证(Rail Pass)

搭火车旅行,可购买火车通行证较省钱。火车通行证分为:意大利单国通行证(Eurorail Italy Pass)和欧洲通行证(Eurorail Pass),适用于搭乘IC火车、EC火车及德国的ICE火车,若搭乘特快车则需另外加钱。以下详列各通行证内容资讯:

意大利单国火车通行证

意大利单国火车通行证(Eurorail Italy Pass),从3~10天都有,分为一等、二等、青年、家庭票。价位从€140~385不等(成人、二等车厢、3天票为:€147),4~11岁享有半价优惠;12~25岁可购买青年票;2~5个家人一同旅行,可购买家庭票。

欧洲火车通行证

这是与其他欧洲国家共用的欧洲火车通行证(Eurorail Pass),又可分为4种票:

Eurail Globalpass:
在通行证的有效天数内,可连续在21个欧洲国家旅行,例如:购买3天有效票,从开始日期起算的3天内,可连续在23个国家搭火车旅行。

Eurail Flexipass:
在某段时间内,可以任选几天搭火车旅行。例如,购买1星期3天有效票,从使用的第一天起算,1星期任选3天,可在21个欧洲国家旅行。

Eurail Selectpass:
可选择要买几个国家的联票,并在2个月内任选几天旅行。例如,购买3国5天联票,则可在2个月内,在你所选择的3个国家内,任选5天旅行。

Regional Pass:
可搭配附近国家的区域性通用票,例如意大利可搭配法国或西班牙、希腊,除火车外,也包括这些国家间的渡轮。

火车通行证这里办

在国内,可以通过欧洲铁路公司中国售票处网站(www.europerail.cn)订购欧洲火车票。该网站可帮助乘客在购买欧洲火车票时掌握最新的列车时刻及票价资讯等资料。

＊以上资料时有变动,出发前请再次确认。

1. 票种,此票为2个月内任选15天的火车通行证
2. 启用日期
3. 截止日期
4. 使用当天要填上日期,验票时验票人员会打个洞。若是搭19:30以后的夜车,则要填写隔天日期
5. 车厢等级:一等舱
6. 姓名　7. 成人票
8. 国籍(非欧盟居民才可使用)
9. 护照号码(请自填)
10. 发票日期
11. 第一次使用要先到火车站柜台盖章

购买火车票

有3种购买火车票的方式：传统人工售票窗口、自动购票机、网上购票，看个人需要而定。

若要查询火车时刻，可在火车站内查看张贴的时刻表，或先上网下载意大利火车时刻查询的App软件(P.64)。也可直接利用车站的自动购票机查询(详细购票方式请见p.70"自动售票机购买火车票")；甚至还可直接在中国就先利用网络，连上意大利火车网站www.trenitalia.it查询火车时刻及票价，直接在这个网站买票(详情请见p.72"网上购买火车票")。

火车抵达时刻表 (Arrivi，白底)

火车出发时刻表 (Partenze，黄底)

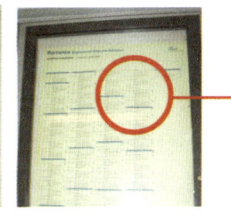

目的地
车种
时间
行经地点

火车票便宜买

想购买便宜火车票，有以下两种优惠卡可以善加利用，这两种优惠卡都可在意大利各火车站柜台办理；或链接至意大利铁路网站www.trenitalia.it→选择英文页面→点击"Offer and deals"，可买到Mini特价票及国际火车特价票。

Carta Verde：
12～26岁"青年优惠卡"，购买意大利国内票可享10%优惠，购买国际票及卧铺可享25%优惠，有效期限1年，办证费用约€40。

Carta d'Argento：
60岁以上老年人可购买(75岁以上免费)，卧铺可享10%优惠价，一般票可享15%优惠，国际票可享25%优惠，有效期限1年，办证费用€30。

搭火车的礼仪与须知

1. 舱等：除机场列车只有头等车厢外(持头等舱的火车通行证才可免费搭乘)，一般火车都有头等车厢(Prima Classe)及二等车厢(Seconda Classe)。差别在于位置、空间大小及设备、服务，有些"欧洲之星"的头等舱提供免费饮料、饼干、报纸。

2. 私铁：并不是所有火车都是FS意大利国铁公司经营的，在北部米兰附近，或东南部的普利亚地区，也会看到红色车身的私铁。这种火车不适用火车Pass，须另外购票。

3. 先下后上：礼让车上的旅客下车后再上车。

4. 切勿逃票：一般火车都会有查票员，要事先买票，若是车上补票的话，价钱相当昂贵。

5. 请先询问位置是否有人坐：意大利人习惯坐下来之前，先问旁边的人Occupato?(有人坐吗？)

6. 行李：上车后行李可放在座位上方的行李架、两张背对的椅子之间的空隙，或门边的行李架(重要行李最好不要放这里)。订位时也可告知要坐在最后一排只有一张椅子的位置，旁边有空间可放行李，或者靠近门边行李架的座位。

7. 残障人士优先使用：有些座位是专为残障人士所设计的，请礼让有需要的人优先使用。

8. 厕所：火车停靠时不要上厕所。意大利火车上的厕所都提供卫生纸，一般来讲还算干净，但也常会遇到冲水系统坏掉或没水的。

9. 要自己开车门：到站时要自己拉手把或按开门钮开门。

人工售票窗口购买火车票

购票时，请直接告知目的地及火车时刻，要以信用卡付款者，得事先看看哪些窗口可以用信用卡付款。此外，搭乘跨国火车、需购买国际车票者，请前往国际车票窗口(Biglietteria Internazionale)；搭乘地区性火车，购买意大利国内车票，请前往国内车票购票窗口(Biglietteria Nazionale)；快速火车"欧洲之星"(Eurostar)，在站台前设有快速购票窗口(Eurostar Italia Alta Velocita)。

不会说意大利文者，可事先写好纸条，拿给窗口服务人员看。

大火车站几乎每天都是人潮汹涌，若要购票，建议到较小的车站时，可把握机会购买。无论在哪个车站，都可购买跨国及意大利全国任何地点的车票，只要告知出发火车站及目的地即可。

在意大利有手机号码者，也可善用网上购票，只要选择将订位代号发短信给手机，上火车只要将短信拿给查票人员看即可，完全不须浪费时间在车站买票或取票上。

到人工售票窗口买票，通常要排队排比较久，最好提早到火车站购票

国际车票购票窗口　　国内车票购票窗口　　"欧洲之星"专用购票窗口

购票小纸条

_____(张数)biglietto(i) per_____(地点), per favore.(麻烦___张到___的票)

Adulti(成人) _____, Ragazzi (儿童)_____

Classe(车厢等级)：□ 1a (头等)　□ 2a (二等)

□ Solo Andata (单程)

□ Andata e Ritorno (来回)

Andata(去程) Orario(时间)：

Ritorno(回程) Orario(时间)：

利用人工售票窗口买票者，请先确认哪个窗口接受信用卡付款

交通篇

自动售票机购买火车票

如果人工售票窗口队伍排得很长，赶时间者，可善用自动售票机(Biglietto Veloce)买票(也可查询火车时刻、票价)；事先用网络购票(Self Service)者，也可在火车站内的售票机打印车票。

全国性购票机

地区性购票机

这类机器排队人数较少，到附近地区旅游者可善加利用，一般只接受现金付款。

自动售票机购票处标示

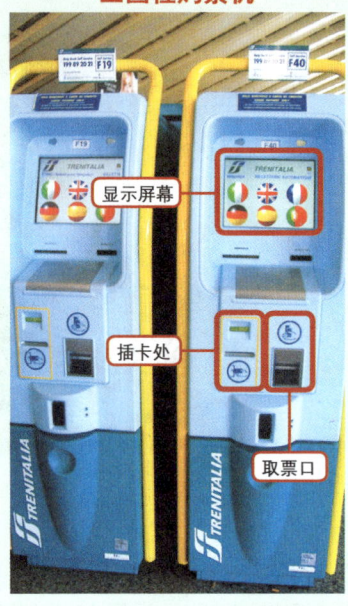

显示屏幕

插卡处

取票口

 选择语言
选择语言"Seleziona la lingua"，如要选择英文者，请选择英国国旗标志。

 选择购票
购买火车票，或要查询火车时刻，请选择"Ticket Issue"(购票事务)。

选择出发地和目的地
如要从你所在的车站出发，则不需改变屏幕最上方之"From"(出发火车站)；若否，请按最下方之"Other Departure"(其他出发地)。确认出发火车站后，开始选择目的地"Choose Destination"，请直接点击屏幕上任一火车站站名；如你前往的目的地未显示在屏幕上，可按"Other Destination"(其他目的地)。

 选择日期
当日出发者，可直接选择"Today"；隔日出发，请选择"Tomorrow"；其他日期，请选择"Other Date"。

选择班次

请选择英语

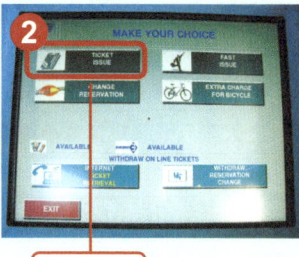

Ticket Issue

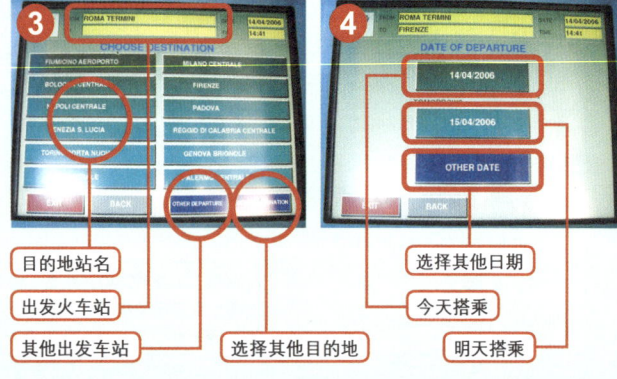

目的地站名

出发火车站

其他出发车站

选择其他目的地

选择其他日期

今天搭乘

明天搭乘

屏幕上会列出火车班次，选择你想搭乘的班次，或可点击"**FURTHER OPTIONS**"；若想从"FURTHER OPTIONS"页面回到上一页，请点击"**PREVIOUS OPTIONS**"。

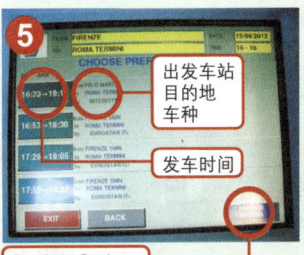

出发车站
目的地
车种
发车时间
Further Options

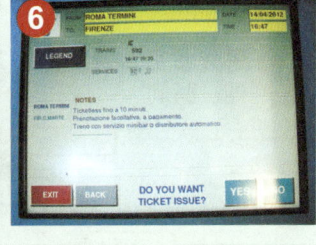

确定班次

若屏幕出现的班次是你要的，请按"**YES**"，否请按"**NO**"取消；或按"**BACK**"回去上一步骤。

选择优惠卡

如手边有任何优惠卡者，例如：持有"青年火车优惠卡"者，请点击"**CARTA VERDE RAILPLUS**"；接着按"**NEXT**"。

青年优惠卡

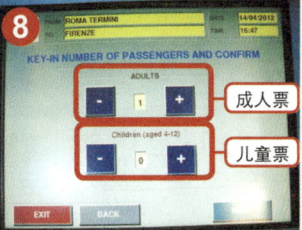

成人票
儿童票

选择购票张数

ADULTS为成人，**CHILDREN**(aged 4～12)为儿童；"＋"为增加人数，"－"为减少人数。

确认班次和选择座位

确认你要的班次，并选择座位。页面下半部有3种座位选择，可点击你喜欢的座位。

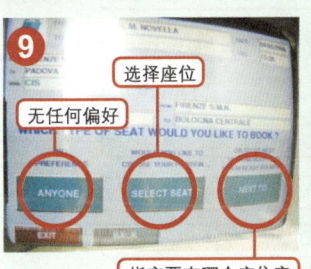

选择座位
无任何偏好
指定要在哪个座位旁

确认车厢等级

屏幕上会出现"**1st CLASS**"（头等车厢）和"**2nd CLASS**"（二等车厢）的票价，请选择你想要的票种。

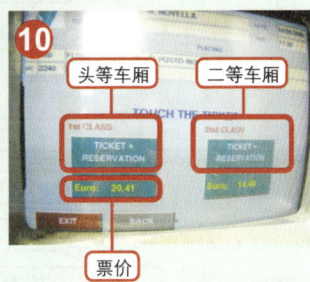

头等车厢
二等车厢
票价

点击会员卡

若有会员卡请点击，若没有，请选择"**NONE**"。

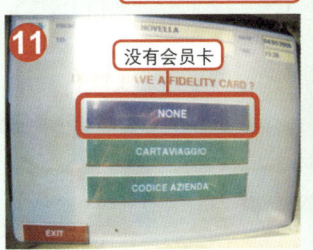

没有会员卡

确认班次及人数

确认人数、班次、舱等，确认后，按"**NEXT**"。

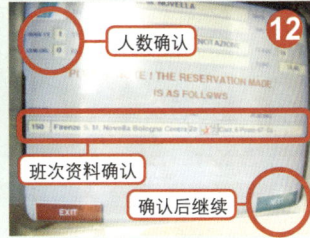

人数确认
班次资料确认
确认后继续

确认票价与付款

先确认票价，确认后，插入信用卡或现金，即可付款购票。

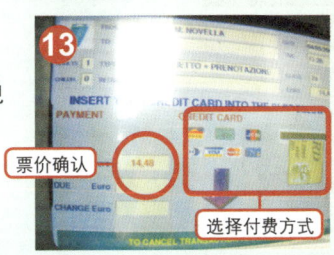

票价确认
选择付费方式

打印车票

付款后，机器即会自行打印车票。

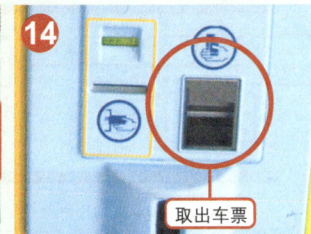

取出车票

网上购买火车票

想在中国先用网络买好火车票，可链接至意大利火车网站www.trenitalia.it，以下列出购票6步骤：

Step 1 进入首页，选择出发及抵达地点、日期、时间

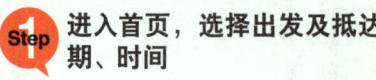

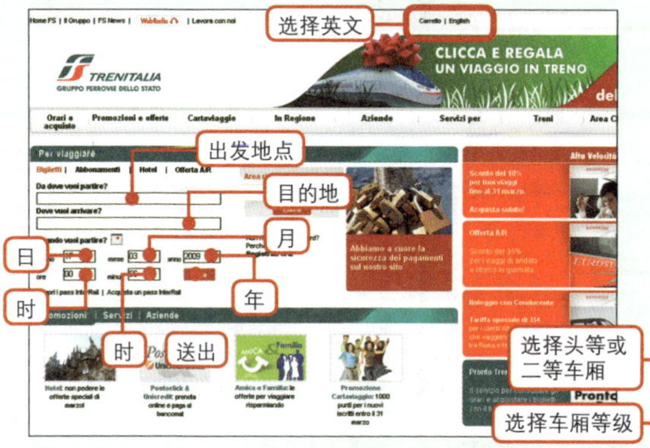

选择英文
出发地点
目的地
日
月
年
时
送出

Step 3 订位详细资料

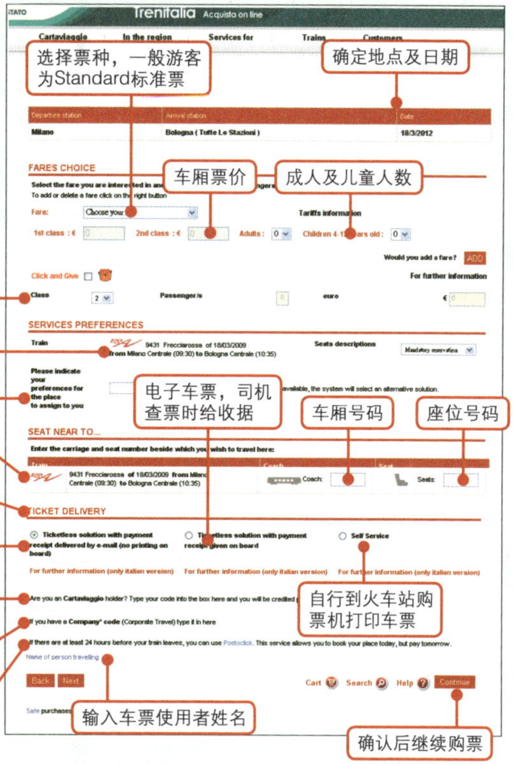

选择票种，一般游客为Standard标准票
确定地点及日期
车厢票价
成人及儿童人数
选择头等或二等车厢
选择车厢等级
选择座位，靠窗、中间或靠走道
电子车票，司机查票时给收据
车厢号码
座位号码
选择要靠近哪个座位
车厢号码
电子车票，以E-mail寄送车票，请记住PRN号码或提供身份证明
若有办Cartaviaggio请输入卡号集点
若有公司编码，请输入公司编码
自行到火车站购票机打印车票
24小时以上的车票，若要邮寄者请输入地址
输入车票使用者姓名
确认后继续购票

Step 2 选择班次

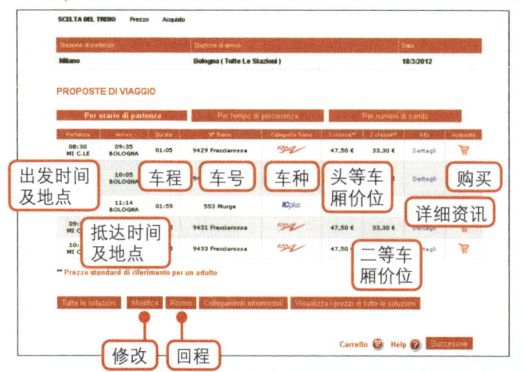

出发时间及地点
车程
车号
车种
头等车厢价位
购买
抵达时间及地点
二等车厢价位
详细资讯
修改
回程

Step 4 输入账号及密码

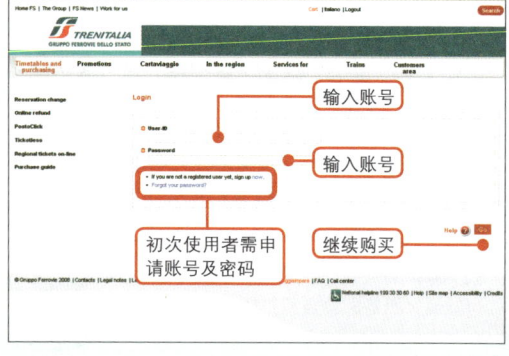

输入账号
输入账号
初次使用者需申请账号及密码
继续购买

Traveling in Italy

交通篇

Step 5 付款购票

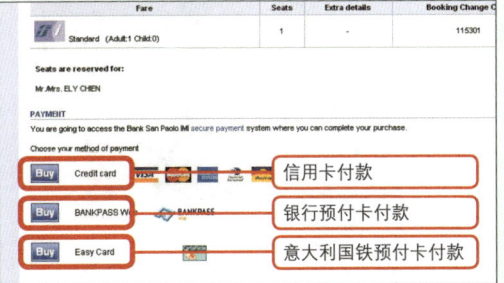

- 信用卡付款
- 银行预付卡付款
- 意大利国铁预付卡付款

＊一般游客只能以信用卡付款，请点击信用卡前的 Acquista 按钮。

Step 6 输入信用卡资料，确认付款

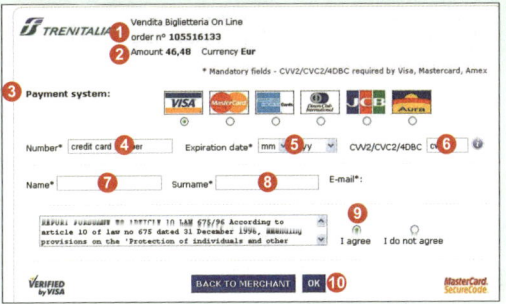

① 订购编号　⑥ 卡片背面三码识别码
② 金额　　　⑦ 持卡人名字
③ 选择信用卡种类　⑧ 持卡人姓氏
④ 信用卡卡号　⑨ 条款同意
⑤ 信用卡有效日期　⑩ 确定付款

如何申请密码

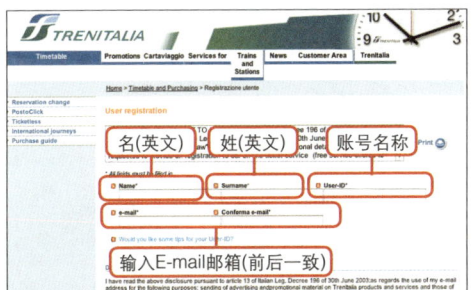

名(英文)　姓(英文)　账号名称

输入E-mail邮箱(前后一致)

学会搭火车

Step 1 查看火车资讯

买好火车票后，先看站内看板，依火车班次，查询火车到站站台。

火车出发时刻表

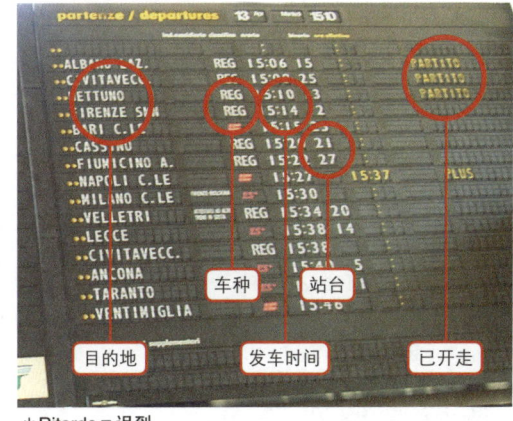

目的地　　发车时间　　已开走
　　　　　车种　站台

＊Ritardo＝迟到

Step 2 打印车票日期

前往火车站台，找到黄色打票机，将车票插入机器，打印搭乘时间。

请注意：一定要记得打票，否则会被罚钱。如果真的忘记，可试着跟查票员求情，"或许"好心的查票员会直接在票上帮你写上日期，不用罚款。

下页继续→

Step 3 找座位坐

火车到站后先查看车厢号码，上车后对号入座。无预订座位者，可看每个车厢或座位上的标示，找没有人预订的座位坐，标有"Prenotato"者，表示该座位已有人预订。如果真的找不到座位，可以坐在走廊的小板凳上。**请注意：**搭乘"欧洲之星"快速火车，绝不可站在火车上，一定要找到位置坐。

Step 4 列车员查票

火车上，会有列车员查票，只要出示车票即可。请记得，一定得购买正确的车等、目的地，否则在车上补票，票价相当高。

在IC火车上找不到座位，可坐在走廊的小板凳上

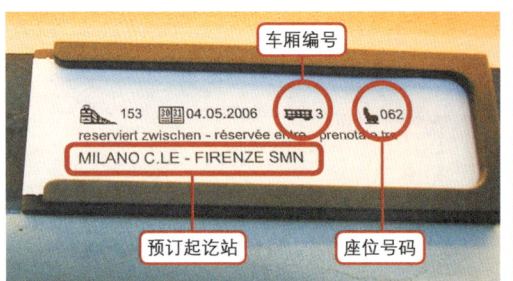

车厢编号 / 预订起讫站 / 座位号码

学会看懂火车票

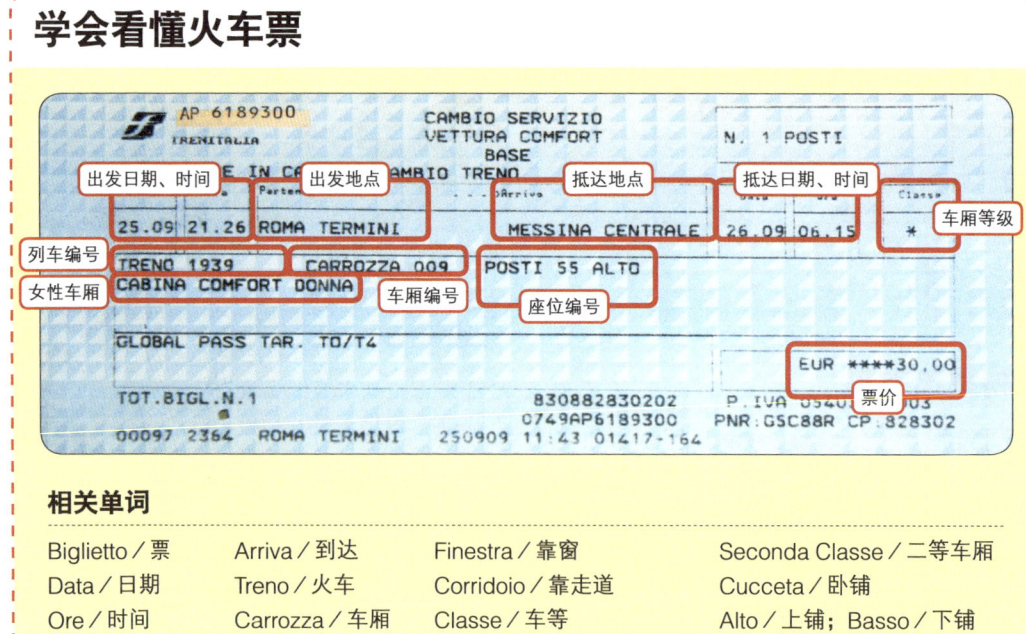

出发日期、时间 / 出发地点 / 抵达地点 / 抵达日期、时间 / 车厢等级
列车编号 / 女性车厢 / 车厢编号 / 座位编号 / 票价

相关单词

Biglietto／票	Arriva／到达	Finestra／靠窗	Seconda Classe／二等车厢
Data／日期	Treno／火车	Corridoio／靠走道	Cucceta／卧铺
Ore／时间	Carrozza／车厢	Classe／车等	Alto／上铺；Basso／下铺
Partenza／出发	Posti／座位号	Prima Classe／头等车厢	Cabina Donna／女性车厢

巴士

长途路程较建议搭乘火车，若是区域性旅行，则可搭长途巴士，例如在托斯卡纳或翁布里亚各城市间旅行。由于火车站大部分在古城区外，若是搭巴士的话，则可以直接抵达古城区，较为方便。

到意大利小镇，巴士会是比较方便的交通工具，通常可以直抵市中心，而且票价也较便宜。短程者，可直接到车站再买票，不需事先预订，不过小城市的巴士通常20:00以前就停驶了，建议事先询问小城市返回大城市的末班车时间。旺季时，如要搭乘长途巴士旅行，建议还是事先预订。此外，长程巴士有时会有促销活动，可参考巴士网站www.eurolines.it。

罗马、托斯卡纳、北部山区的主要巴士营运公司为Lazzi、SITA；罗马到西西里的主要巴士营运公司为SAIS、Segesta及Interbus。

⁉️ 遇到交通工具罢驶怎么办

罢工(Sciopero)通常会在前一天公布在各报纸上，公交车站牌上也会张贴告示。如果是地区性交通工具罢工(市内公交车、电车、地铁)，一般城内的观光巴士仍会运行(但票价较贵)。罢工时间大多会避开上下班时间，让上班族上、下班时有车可搭(当然也有很多例外的时候)。如果是全国性大罢工，那就只好延迟行程或提早一天离开，可向投宿饭店询问相关资讯。

罢工查询网站：www.commissionegaranziasciopero.it

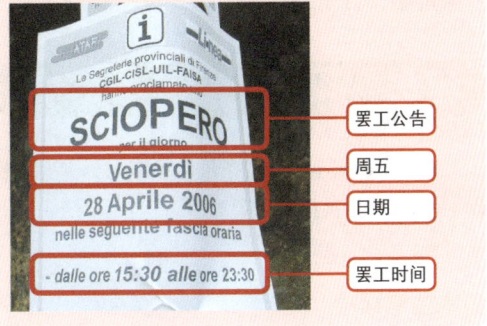

欧洲也有各国联营的巴士，价钱相当便宜，不过长途旅行较不舒服，而且现在已有许多廉价航空。欧洲各国联营巴士网站www.eurolines.com、www.busabout.com。(意大利交通实用App，请见p.64。)

渡轮

意大利很狭长，渡轮也是很理想的交通方式，既悠闲，长途路线又可在船上过夜，房间就好比三星级旅馆，内有卫浴设备，比火车还要舒适。若是要到西西里岛，建议可以从那波利搭渡轮过去，在西部的Palermo及东部的Mesina港口都有船班。

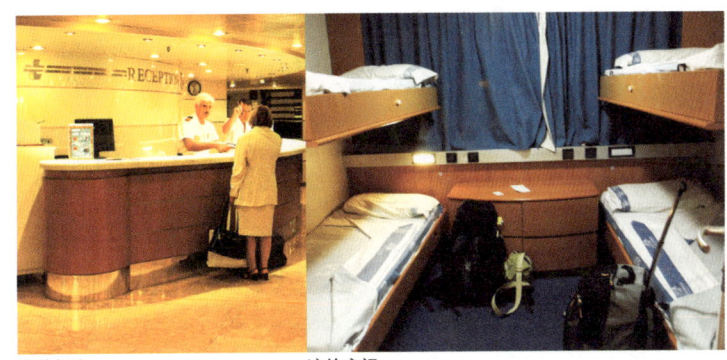

渡轮柜台　　　　　　　渡轮房间

开车

意大利开车方向跟中国一样，路标也是国际通用(意大利交通标志请参见http://en.wikipedia.org/wiki/Road_signs_in_Italy)，车子大部分都是自动挡车。意大利人的开车技术不骗你，速度相当快，老城区的路又很窄小，不过现在大部分古城区都禁止进入。上高速公路后，大家都会努力飙车，但还是要小心超速监控摄像(依两台摄像机之间的平均时速判断)。

租车

在意大利租车的必备条件：租车人至少要21岁以上(有些公司甚至要求要23岁以上)、驾照正本、信用卡。

租车注意事项

1. 租车时，建议购买全险。
2. 欧洲大部分的车子为手动挡车，自动挡车的价钱相当昂贵，建议出发前先熟悉手动挡车。
3. 建议租小车，意大利的市区道路较小，小车较便利停车(但须考虑是否放得下行李)。
4. 租车时建议选Metano天然气车，燃料费较省，拿车时要问清楚加哪一种油。
5. 大型租车公司通常可以在不同城市还车，机场及火车站内可找到租车柜台。

租车公司

Auto Slash 网址：www.autoslash.com
Avis 网址：www.avis.com / 电话：06-6595 7885
Europcar 网址：www.europcar.com
电话：06-6576 1211
Hertz 网址：www.hertz.com / 电话：06-6595 5842
Sixt 网址：www.sixt.com
WebCarHire 网址：www.webcarhire.com

高速公路

高速公路是Autostrada，以"A"为代号，例如从北到那波利的主要高速公路为A1，行经米兰、博洛尼亚及佛罗伦萨(这段山路较难开，要注意安全)、罗马；A4为北意东西向主要干道，行经都灵、米兰、威尼斯；A12从托斯卡纳沿岸(比萨)到热那亚(Genova)，沿路风景很漂亮的。

高速公路上可找到加油站及休息站，休息站分为大站跟小站，大站有自助式餐厅、商店(通常有当地特产)及咖啡吧，小站则只有商店及咖啡吧，可买到三明治。但休息站饮食的价格比一般商店还要贵2倍以上，长途旅行可自备饮食。

高速公路网站www.autostrade.it，提供网上路线规划、气候、路况、服务设施资讯。

收费站

上高速公路辅道后，首先要在收费站的机器上按红色按钮拿票，出高速公路时会再遇到收费站，按照你开的里程数计费。有些收费站有人工收费道，有些则是机器收费及电子卡收费(Telepass)。若是机器收费，请将票插入收费机器，屏幕上会自动显示费用，投入钱币(Monete)或纸钞(Banconote，可找零)或金融卡(Tessera)，栏杆就会自动升起。

有些高速公路的支线是由不同公司建造的，所以出主要高速公路转到支线高速公路，最后要下辅道时，还会收一次钱，通常是固定费用。

加油站

市区可找到一般加油站，天然气加油站则基于安全考量，一定是在郊区。周日城内外的加油站都没有服务人员，需自助加油，只有高速公路的加油站才有服务人员。自助加油步骤如下：

❶ 在机器上选好加油类别及油枪号码
❷ 投入要加的金额，例如10欧元或20欧元
❸ 到该油枪号码处开始加油

⁉ 共享车子

意大利许多城市都有共享车子的服务，只要成为会员，每个月或每年付会费，就可以使用城内的共享车子。

如何使用停车收费机

市区边缘的停车费通常比市区内便宜很多，市区开车也较不方便，建议可将车子停在市郊，搭公共交通工具进入市区。

自动停车收费器标志

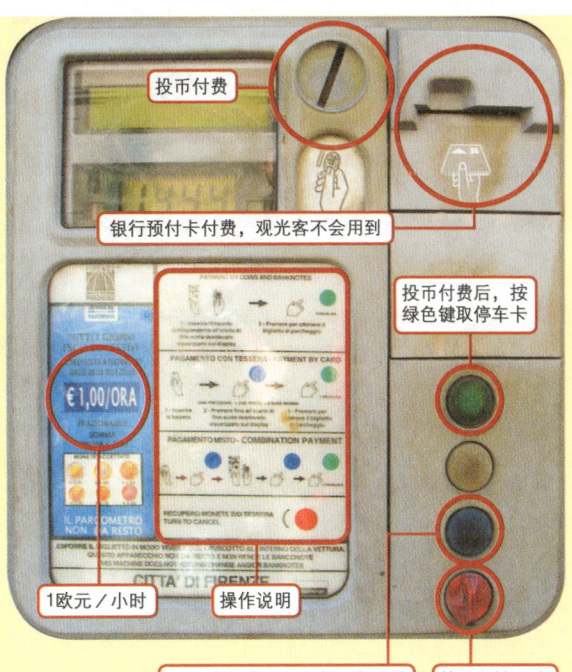

投币付费

银行预付卡付费，观光客不会用到

投币付费后，按绿色键取停车卡

1欧元／小时　　操作说明

预付卡付费，观光客不会用到　　按红色键取消

⚠ 在意大利开车注意事项

1. **老城区禁入**：大部分老城区为了保护古迹，都禁止进入。只要看到红圈白底的禁止进入标示，就不要进去，会有摄像机摄像处罚。老城区外围通常会有停车场，停车费1小时€1~3不等。

2. **停车**：全意大利现在已统一停车格颜色：白线停车格免费，蓝线停车格要收费。通常在停车格附近会有自动付款机，先选自己要停多久，付完钱之后，将票放在车内的窗边。

3. **单行道**：意大利市区许多道路都是单行道或禁止进入，因此在市区开车要有耐心绕路，或是将车子停在市中心外围，搭乘公共交通工具进入市区。

4. **公路标志**：意大利公路上的路标，一根柱子通常有十几个路标，要先练好速读！

5. **高速公路**：限速130公里，超车之后就回到慢车道或中间车道，快车道是用来超车的。意大利超速监控摄像是计算两台摄像机之间的平均行车速度。高速公路的收费站分电子及现金收费两种。上高速公路先取票，下高速公路时将票插入收费站的机器，就会自动显示价钱(会找零)。有些是人工收费，要注意是否找对钱。

6. **北部开车**：车况及路况较好，但秋、冬常起雾，务必开车灯。

7. **南部开车**：对于意大利南部的传说相当多，所以大家总是谨慎恐惧。其实如果你可以在中国开车，南部开车也就没那么恐怖了。只要记得晚上将车停在有收费的停车场或旅馆的停车场，一般都不会有什么问题。另外，阿玛尔菲海岸线的公路又窄又弯，若要开这段，要先衡量一下自己开自动挡车的技术。

8. **假日加油站**：周日加油站都没有服务人员，要自己加油，可用现金或信用卡付费。

9. **Metano加气车**：意大利加气车有两种，Metano这种是最划算的，另一种GPL可跑的里程数较少，不过加油站较多。例如：佛罗伦萨—米兰天然气燃料费约25欧元，高速公路收费约30欧元，若是多人共乘就很划算。不过现在租车公司的加气车还是比较少，租的时候也要记得跟租车行拿Metano加气站地图。高速公路上的加油站，只有少部分有Metano加气站，只要遇到，赶快把握机会加满气。

意大利境外连接他国运输系统

意大利与其他国家的陆空连接度非常高，将旅行延伸至其他国家，很容易！

难得来欧洲旅行，除了意大利，或许你也规划了跨国行程。意大利与其他国家的陆空连接度非常高，有便宜的低价航空机票、跨国快速火车、跨国夜车、跨国联营巴士等着你，值得旅人好好设计此行畅游欧洲的大计划。

飞机：低价航空

意大利除了罗马和米兰的国际机场外，许多中型城市也设有小型国际机场提供欧洲航线起降，这些机场通常提供低价航空公司航班起降，像是EasyJet或Ryanair之类的航空（机上没有免费服务，但机票便宜很多）。目前意大利人也已习惯以这样的方式在欧洲境内旅行。

但订购机票时要确认机场位置，通常机场会在比较偏远的地方，如果订购早班的飞机，有时甚至要到附近的旅馆投宿，记得也要考虑到交通与住宿费用。另外，要注意的一点是，通常要在1小时45分钟前抵达机场，错过的话，重订机票的价钱就会很贵（廉价航空资讯请参考p.30）。

巴士：长途巴士 巴士旅行团

许多在欧洲自助旅行的人，为了省钱，会选择搭乘长途巴士，因为票价相当便宜。此外，也有许多人会参加欧洲10国或12国的巴士旅行团，费用虽然便宜，但行程通常都很紧凑。

火车："欧洲之星"、夜车

意大利境内的跨国火车有两种："欧洲之星"和一般夜车（EN）。"欧洲之星"最快时速达300公里，但票价昂贵；一般夜车则较便宜，也可节省一个晚上的住宿费用。不过，坐在椅子上过夜，也会比较累，建议订卧铺，持通行证者须多付卧铺费（不会太贵）。

国际火车过边境时，另一个国家的海关人员会上车查票，记得备妥护照（或居留证）、火车票供查验。若搭乘国际夜车卧铺，乘务员会先收取护照及火车票，以便查验，如此便不需在半夜叫醒乘客，隔天早上，乘务员会在抵达目的地之前归还护照与车票。

若要购买国际火车车票，主要城市的火车站大多有国际与国内购票窗口；小地方的火车站，在一般窗口购票即可（详情请见p.69"人工售票窗口购买火车票"）。

实用网上资讯

欧洲便宜机票网站
- www.easyjet.com
- www.ryanair.com
- www.whichbudget.com
（会列出各航线的所有廉价班机，再一一比价。）

欧洲跨国火车资讯
- www.eurail.com
- www.raileurope.co.uk
- www.railchoice.com

欧洲各国联营巴士
- www.eurolines.com
- www.busabout.com

实用App推荐

Skyscanner
可搜寻各点的航班、时间与价钱。
http www.skyscanner.net

意大利市内公共运输系统

罗马和米兰是意大利境内的大都会，公共交通工具最多、最完善。

意大利的公共运输系统，残障设施都做得非常完善，方便残障人士自行旅行。如果有乘坐轮椅的乘客，司机就会降下斜梯，方便轮椅上下。公交车内，也有一个空间可停放轮椅或婴儿车。公交车前半部的座位，则是保留给老弱妇孺的。若需协助，可于24小时前致电预约：199 300 060。

罗马新型电车

罗马地铁

罗马市区巴士，搭64号公交车时要特别小心小偷

往返卡布里岛的渡轮

米兰的老电车

那波利缆车

穿梭在佛罗伦萨古城区的小巴士

这是威尼斯的主要交通工具"威尼斯公交船"(Vaporetto)

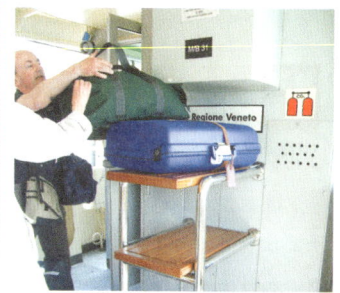

威尼斯公交船里，设有放置大型行李的区域

罗马和米兰

罗马和米兰是意大利境内两大都会，公共运输网络完善。这两个城市都有地铁、电车及公交车。搭乘方式相当简单，因为意大利人无法承受太复杂的东西，所以只要购买一张市区车票，就可在有效时间内搭乘任何一种公共运输工具(通常是60或75分钟，车票背后有说明，但只能进出地铁一次)。

米兰的新电车

佛罗伦萨

佛罗伦萨虽然也是意大利相当重要的城市，但它的规模只能算是中型城镇，再加上市区古迹相当多，不方便兴建新的公共运输系统，因此市内只有

意大利大都会的公共运输系统相当完善

巴士，直到2010年才开始通行新电车，可搭电车到机场。从2009年开始全面禁止任何车辆进出古城区，公交车也只能绕行几条路线而已。

威尼斯

威尼斯是一座以桥梁连接而成的群岛城市，所以只能以"船只"当做公共运输工具。

威尼斯的水上交通工具有3种：威尼斯公交船、水上计程车、贡多拉。威尼斯公交船是市民的交通工具，所有船只都有行驶速限，除了安全考量，也能减少对古迹的破坏，因此公交船的行驶速度较为缓慢；若真的赶时间，只好花钱搭乘昂贵的水上计程车(小艇)。

至于贡多拉，则是最适合观光客欣赏威尼斯风光的交通工具。

威尼斯市区内没有公交车行驶，所有公交车路线，都是从靠近火车站的Piazzale Roma(罗马广场)启程，衔接威尼斯城外的区域，像是Mestre区域及机场。

威尼斯水上计程车

实用交通官网资讯

罗马交通官网 www.atac.roma.it
米兰交通官网 www.atm-mi.it
那波利交通官网 www.anm.it
佛罗伦萨交通官网 www.ataf.net
威尼斯交通官网 www.actv.it

搭乘公共交通工具

意大利市区的公共运输系统都是联营的(公交车、电车或地铁),一个都市统一由一家公司运行,所以一张票可以搭乘市区所有的公共交通工具,非常方便。

意大利四大城市公共交通工具搭乘资讯

各大城市交通工具	罗马 地铁、电车、公交车	米兰	佛罗伦萨 巴士、小巴士、电车	威尼斯 威尼斯公交船、巴士
票价	单程票€1.5 (100分钟有效票)	单程票€1.5 (90分钟有效票) 到Rho Fiera广场€2.55, 来回票€5	单程票€1.20(车上购票€2) (90分钟有效票)	公交船单程票€7 (60分钟有效票) 往返郊区及机场巴士€1.30 (75分钟有效票)
特惠票	1日票€6 3日票€16.5 7日票€24	1日票€4.5 2日票€8.25 4次票€6 10次票€13.80 夜间票€3(20:00以后)	1日票€5 3日票€12 2次票€2.40 4次票€4.70 10次票€10	12小时票€18 24小时票€20 36小时票€25 48小时票€30 72小时票€35
市区巴士 (仅列出最适观光用)	64路公交车:由Termini火车站开往圣彼得大教堂,中间的停靠站距离主要景点都很近,但要小心扒手	*3号地铁线:连接中央火车站、大教堂、精品街(Monte Napoleone) *48小时的AmaMi Card免费搭乘市区公共运输工具及免费参观19座博物馆,还可当现金预付卡用	*步行,其实是最适合的观光方式 *7路公交车:前往Fiesole *12、13路公交车:由火车站开往米开朗基罗广场	*1号公交船:每站都停 *82号公交船:与1号公交船路线相同,但只停几个大站,所以速度较快 *N号夜间公交船:可在夜间搭乘
观光巴士及票价	*110路观光巴士:€18 *Archeobus(48小时有效票):€20 *110路观光巴士+Archeobus(72小时有效票):€25	*观光巴士:€18.5 *还可搭上典雅的老电车,穿梭在米兰夜街间,享用意大利套餐。每人€65 *可下载ATM Mobile软件查询路线。另有市区导览及美食品酒行程	SightSeeing观光巴士(24小时有效票):€18.5	观光客最喜欢乘坐华丽的Gondola观光,1艘船1小时€80,最多可坐6人(详情请见p.88"学会搭乘贡多拉")

*以上资料时有变动,出发前请再次确认。

学会买车票

一张车票,可搭所有交通工具

由于每个城市的交通公司只有一家,不管是地铁、公交车或电车,全都是联营,所以,只要弄懂一种购票方式即可。车票可在购票机、Tabacchi(烟草店)或报摊购买。每个城市都有不同的优惠票价(1~7天通行票),可视停留在该城市的时间,购买适合的车票。有些城市一日票券的时效只到当天的午夜12点,有些则是从第一次打票的时间算起,24小时内有效。

Traveling in Italy

买票步骤

Step 1 选择语言、选择票种

若要使用英文，请按英国国旗。车票有3种：1次票、1日票、1周票；票价依各城市而有不同(详情请见上页"公共交通工具搭乘资讯")。

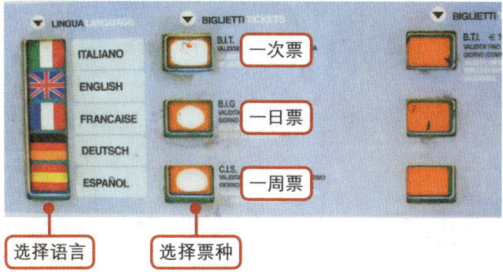

选择语言　选择票种

Step 2 选择购票张数

要买多张，请按增加符号"+"，要取消请按"Annullamento"。

Step 3 付款

请依屏幕显示票价投入钱币，机器会找零。

Step 4 取票

机器最下方有个大大的取票口，是取车票及找零钱的地方。

购票机解析

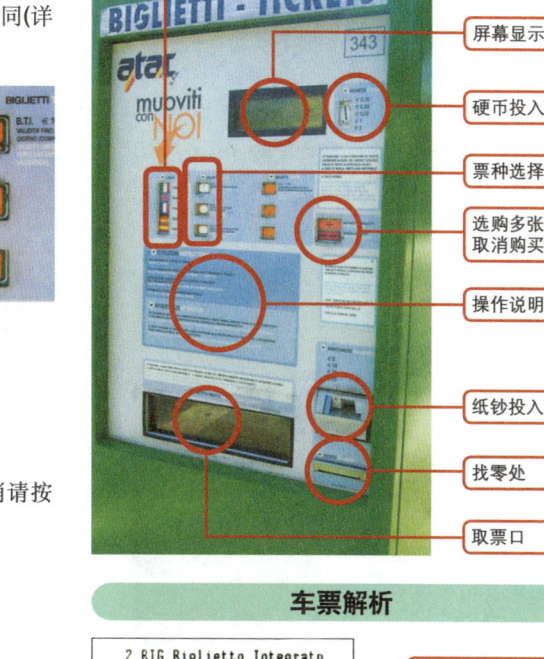

- 语言选择键
- 屏幕显示
- 硬币投入口
- 票种选择键
- 选购多张票及取消购买键
- 操作说明
- 纸钞投入口
- 找零处
- 取票口

车票解析

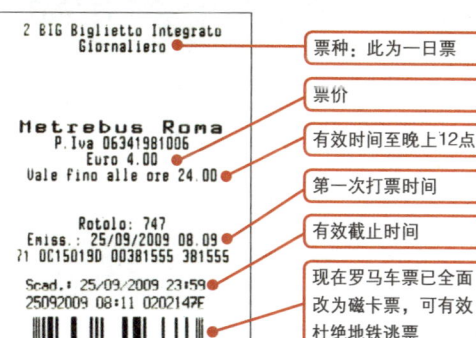

- 票种：此为一日票
- 票价
- 有效时间至晚上12点
- 第一次打票时间
- 有效截止时间
- 现在罗马车票已全面改为磁卡票，可有效杜绝地铁逃票

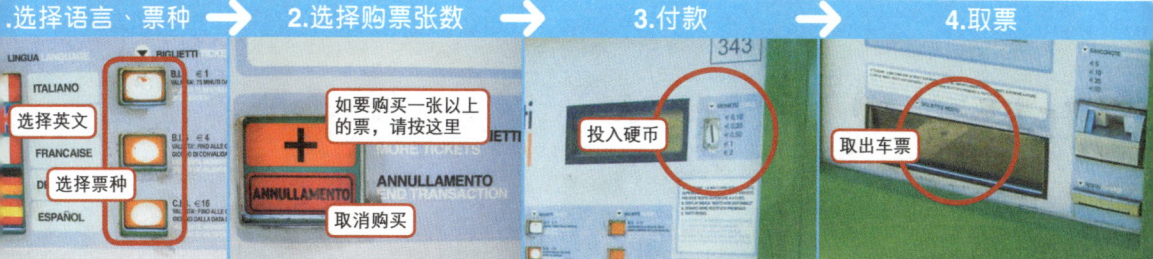

1.选择语言、票种 → 2.选择购票张数 → 3.付款 → 4.取票

- 选择英文
- 选择票种
- 如要购买一张以上的票，请按这里
- 取消购买
- 投入硬币
- 取出车票

学会搭巴士

像佛罗伦萨这种市区较小的城镇,古城区以小巴士为主要交通工具,现在也有电车连接郊区。而一般城市的市区巴士,路线较多,虽然上下班时间可能会堵车,但通常是最靠近目的地的交通工具;搭乘地铁至某些景点,有时还要走一段路。搭巴士的方法很简单,不用太担心。

Step 1 先买车票

买票详情请见p.83。

Step 2 等候巴士

到达巴士站牌(Fermata)后,可先研究一下整个站牌告示的资讯。招手即可搭车。

站名
巴士号码
行驶路线
巴士服务告示 如罢工、行驶时间、路线改变等
时刻表

Step 3 上车(下车)

从前、后车门(Entrata,门上标有蓝色箭头)上车,从中间门(Uscita)下车;下车时,记得要按铃。

上车　　下车　　下车前要按铃

Step 4 车上打票

上公交车后,记得要在公交车上的打票机打票。在有效时间内,可任意搭乘市区公交车、电车或地铁(例如:罗马单程票有效时间为75分钟,从打票时间算起,75分钟内可搭乘任何公交车、电车、地铁,不需再打票,直接上车乘坐即可。地铁只能进出一次,进地铁站一定要打票)。

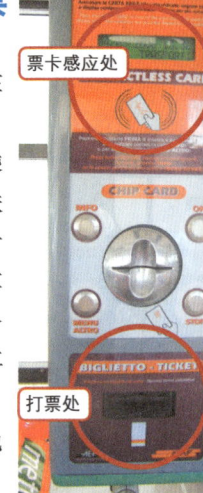

票卡感应处
打票处

Steps 搭巴士步骤

1.先买车票 → 2.等候巴士 → 3.上车打票 → 4.下车

学会搭地铁

地铁和电车,这两种交通工具都有自己的车轨,所以是比较不会堵车的公共交通工具。地铁大部分都是在地面下,无法欣赏市区风景;电车则是在地面上。米兰、佛罗伦萨、那波利、都灵及罗马是意大利有电车系统的大城市,其他中小型城市大都只有市区公交车。以下介绍搭地铁的方式。

Step 1 找到地铁站

寻找红色M标志,进入地铁站。

Step 2 查看地铁图

查看地铁图,了解你要搭乘哪一线的地铁。

Step 3 打票

进入地铁站前要先在黄色机器上打票,打过票的车票若在时效内,仍可搭乘其他公交车或电车。

请注意: 有时查票员会上车查票,所以记得要打票,被抓到的话,罚款将为票价的5倍以上。佛罗伦萨的公交车司机也有查票权,最好不要逃票。

Step 4 前往站台

打票后,依照搭乘地铁线的标志,前往搭乘站台。

Step 5 确认搭车站台

前往站台前,先确认哪个方向的站台,才是你要等车的地方。

Step 6 下车出站

地铁站内都有路线图,每一站的墙上也都标有站名,最好先记得目的地前一站的站名,人多时,可以先到门口准备下车。到站后,不需再打票即可依循Uscita的标示出地铁站。出去后,可看墙上的标示,找到离自己目的地最近的地铁出口。

Steps 搭地铁步骤

1.找到地铁站　2.查看地铁图

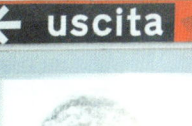

3.打票　4.前往站台　5.确认搭车站台　6.下车出站

如何转乘另一线地铁列车

 基本上同一个城市都是同一家公共运输公司经营，所以若要转另一线的话，只要在站内转线即可。若要转搭公交车则要出地铁站，同一张票只要是在有效时间内（60～90分钟），就可用来转搭公交车、电车或缆车。

 要转搭另一线，出原搭乘车辆，依站内墙上标示到其他线。

 抵达另一线后，看墙上该地铁行驶地图，确定要搭乘哪个方向的列车，再到正确的站台候车。

学会搭出租车

在意大利搭乘出租车最好谨慎选择，尽量选择白色的出租车，这种出租车是照表计价，如此才不会被宰。

水都威尼斯的"水上计程车"，是一种因地制宜的交通工具，因为威尼斯是座以桥梁连接而成的群岛城市，得以船只代步才行。虽然可搭乘水上公交船，但每站都停，行驶速度较慢，小型快艇式的水上计程车速度快很多，不过票价也相当昂贵。船主人通常都很细心照顾自己的船只，因而水上计程车看起来总是闪闪亮亮的。

要搭水上计程车，得在候"车"处搭乘才行

火车站外面，通常有出租车候车处

威尼斯水上计程车

意大利各大城市出租车搭乘资讯 www.infotaxi.org，www.worldtaximeter.com可计算罗马各路程费用

	罗马	佛罗伦萨	威尼斯	米兰
票价	*起跳价€2.80 *夜间€5.80 *每公里增加€0.92 *每件行李加€1 *机场到市区定价€40	*起跳价€3.20 *夜间€6.40 *假日€5.10 *每件行李加€1 *市区到机场约€20	*从火车站到圣马可广场约€64起（1～4人） *机场到古城旅馆约€100 *网址：www.venicewatertaxi.com	*起跳价€3.20 （假日€5.20；22:00～到次日06:00 €6.20） *每公里增加€1.03 *机场到市区€60～90
备注	一般而言，10分钟的出租车行程，大约€8。电话叫车，费用是从叫车来载你开始起算。			

*以上资料时有变动，出发前请再次确认。

学会搭水上公交船(威尼斯)

全意大利只有水都威尼斯才有水上公交船这样的公共交通工具，除非自家有小艇，或拥有强健脚力可爬过一座又一座的桥梁，否则也只能搭乘水上公交船(或很贵的水上计程车)才能通行威尼斯。因此，水上公交船的乘客是从小就坐着公交船到处溜达或上下学的小朋友，是拿着推车到隔壁小岛超市或菜市场买菜的阿公阿妈，是打着领带、拿着公文包上下班的上班族。威尼斯人，可是十足的海上儿女呢！

Step 1 找公交船停泊处

顺着"Al Vaporetto"标志，前往公交船停泊处。乘船前请先购票，建议第一天可购买24小时票(也就是可乘坐到隔天)，先到离岛去，晚上则搭公交船游大运河。

公交船站通常分为两个部分，一为连接陆地的平台，另一为水上的浮台

Step 2 确认乘船资讯

依你要抵达的目的地站名，查看乘船航行方向，前往正确候船处。

航行方向　　确认船号　　停靠站名　　反向航线

船班编号　　航行方向　　　　船班时间

Step 3 打印船票

进入候船处之前，可先打票；若是购买24小时票，只要在第一次乘船时打票即可。

Step 4 搭船

威尼斯水上公交船，每一站都会停靠，所以不需按铃，但要先让下船者先出来，再上船。

Steps 搭水上公交船步骤

1.找公交船停泊处 → 2.确认乘船资讯 → 3.打印(刷)船票 → 4.搭船

学会搭贡多拉(威尼斯)

贡多拉(Gondola)可说是水都威尼斯的象征,从极尽奢华、精雕细琢的贡多拉船上,就可以看出当年威尼斯商人雄霸一方的奢华生活。搭乘贡多拉,俨然已成为游客窥视威尼斯风华的最佳方式。

威尼斯是由一座座小岛组成的,因此小水巷遍布市区各地,在各区都可找到贡多拉搭乘处。通常一趟是40分钟,价位约€80,最多可乘坐6位游客,每多20分钟,多加€40;夜间游船(19:00～次日08:00)40分钟€100。网址:www.gondolavenezia.it。

⁉ 在威尼斯不迷路

威尼斯市区,所有车辆都无法进入,车辆只能停在火车站旁的Piazzale Roma或Tronchetto站附近的停车场。

在威尼斯一定会迷路,不过很多街道墙上都有"Per S. Marco"(圣马可)、"Per Ferrovia"(火车站)、"Per Rialto"(里亚桥)、"All' Accademia"(学院美术馆)的标示,只要抓住方向,依然可以畅游威尼斯这个大迷宫。

应用意大利文ABC

路标用语
- Senso Unico / 单行道
- Entrata / 入口
- Uscita / 出口
- Divieto di Accesso / 禁止进入
- Divieto di Sorpasso / 禁止超车
- Divieto di Sosta / 禁止停车
- Passo Carrabile / 车库前请勿停车
- Rallentare / 放慢速度
- Pericolo / 危险

搭火车用语
- Solo andata / 单程票
- Andata e ritorno / 来回票
- Prima classe / 一等车厢
- Seconda classe / 二等车厢
- Biglietteria / 购票处
- Orario / 时刻表
- Stazione / 火车站
- Binario / 站台
- Informazioni / 询问处
- Assistenza Cliente / 顾客服务处
- Fermata dell'autobus / 巴士站
- Cuccetta / 卧铺

Vorrei comprare un biglietto per......
我想要买一张往……的票。

Un biglietto per Roma / Milano, per favore.
麻烦买1张往罗马 / 米兰的车票。

A che ora parte / arriva a Firenze?
几点走 / 抵达佛罗伦萨?

Il treno e'canceuato/ in ritardo.
这班火车取消 / 误点了。

Dov'e' la fermata dell'autobus?
公交车站牌在哪里?

Dove posso comprare il biglietto?
我要在哪里买票?

Vorrei comprare un biglietto per Siena.
我要买一张到锡耶纳的票。

Vorrei andare all'ostello, dove scendo?
我要到青年旅馆,要在哪一站下车?

Farmi sapere quando debbo scendere?
到站的时候,可不可以麻烦你告诉我?

出租车用语

Mi porti a quest' indirizzio, per favore.
请载我到这个地址。

租车用语
- Noleggio / 租车处
- Benzina senza piombo / 无铅汽油
- Diesel / 柴油

Dove posso noleggiare una macchina?
哪里有租车处?

Vorrei noleggiare una macchina.
我想要租车。

Che macchine avete?
你们有什么样的车?

Posso restituire la macchina in un' altra citta'?
我可以在别的城市还车吗?

Questa strada porta a Roma?
这是往罗马的路吗?

Il pieno, per favore. / 请加满油。

E' finita la benzina. / Sono in riserva.
车子没油了。

Ho avuto un incidente.
发生车祸了。

La macchina si e' guastata
车子在×××抛锚了。

饮食篇
Dining

在意大利吃什么地道美食？

吃，是很重要的意大利文化。本章先介绍意大利人一天吃哪四餐，再告诉你怎么找吃的，包括高、中、低价位餐饮、吃冰激凌、喝咖啡等。

意大利人的 口四餐	90
在意大利用餐须知	91
用餐礼仪	91
用餐程序	92
到哪里找吃的	93
餐厅种类	93
便宜食物哪里找	95
意大利传统美食	96
意大利特色酒类饮料	98
应用意大利文ABC	98

意大利人的一日四餐

早餐 Colazione

意大利人早餐多半喝卡布奇诺(Cappuccino)或拿铁咖啡(Caffe Latte)，然后配个可颂(Brioche)面包。早餐内容极简单，他们认为早餐吃太多，头脑会不清楚。

意大利人喜欢点杯咖啡配上简单面包，站在吧台吃早餐

餐前酒 Aperitivo

大城市里的许多意大利上班族，下班后会到酒吧先喝个小酒、吃个小点心。通常他们只要到Bar点一杯酒，就可以享受丰富的小餐点。

意大利上班族，喜欢在下班后到酒馆喝餐前酒，与朋友聚聚

午餐 Pranzo

在外工作的意大利人，中午吃得很简单。他们喜欢去Bar，吃意大利三明治(Panini)或比萨；或者是吃沙拉，再加上简单的第一道菜(Primo piatto)，像是意大利面或饭之类的。

有些意大利人中午只会简单地吃

晚餐 Cena

在外工作的意大利人，只有晚餐时间才能和家人聚在一起用餐，所以晚餐会吃得比较丰富，内容包括：前菜(Antipasto)、配菜(Contorno)、第一道菜(Primo Piatto)、第二道菜(Secondo Piatto)、甜点(Dolce)、咖啡(Caffe)。

晚餐用餐时间较充裕，会较丰盛一点

在意大利用餐须知

餐桌上通常会有一瓶橄榄油及醋，是吃沙拉必备的调味酱

用餐礼仪

1.先向店家打招呼
进餐厅时，一定先向店家打招呼，像是"Buon giorno"或"Buona sera"，这是基本礼仪。

2.开始点菜
好几个人一起用餐时，有些人点第一道菜，有些人可能只点第二道菜，但大部分还是会配合所有用餐程序，逐一上菜，除非有特殊要求。

3.各吃各的
意大利人用餐都是自己吃一盘，不像中国人把所有菜摆在餐桌中间吃合菜。

4.穿着整齐
意大利人普遍还是很注重穿着的，晚上上餐馆最好穿着整齐。

5.饭后咖啡
意大利人饭后不喝有奶类的咖啡，像Cappuccino或Caffè Latte之类的，因为他们认为牛奶无助于消化。所以一般都会点杯Caffè(浓缩咖啡)或Caffè Macchiato(玛奇朵)。

6.小朋友上餐馆
若带小孩上餐馆，可要求儿童椅，但市区餐厅大都不提供。

⁉ 在意大利喝水

意大利餐厅的水都要付费，一般可分小瓶(mezzo litro)和大瓶(un litro)，然后又分气泡(Acqua frizzante)和无气泡(Acqua naturale)。设于古城区的小喷泉水大多可以直接饮用，除非标示有"Acqua Non Portabile"的字样。

⁉ 在意大利吃冰激凌

意大利的冰激凌世界闻名，夏天时，无论大人或小孩总是拿根冰激凌认真又满足地舔着。点意大利冰激凌时跟站在吧台喝咖啡一样，先到柜台结账，告知要大、中、小及饼干杯(Cono)或纸杯(Coppa)，两种价钱一样，然后到吧台选你要的口味。带着走比较便宜，若是坐在店里吃，店家会将冰激凌放在美美的玻璃杯中，价钱要贵上一倍。

冰激凌的口味有：哈密瓜(Melone)、草莓(Fragole)、柠檬(Limone)、巧克力(Caocao)、榛子(Nocciola)、奶油(Crema)、咖啡(Caffe)、提拉米苏(Tiramisu)、开心果(Pistacchio)、米(Riso)等。

用餐程序

在意大利吃一顿正式的饭,会包括:开胃菜、第一道菜、第二道菜、甜点、饮料。用餐程序如下:

Step 1 点饮料或餐前酒

服务生拿菜单过来时,会直接先问你要喝什么。可先点水,或请他们推荐餐前酒(约€3)。

Step 2 点开胃菜

开始看菜单,先点开胃菜(Antipasto),像是开胃菜拼盘(Antipasto misto)之类的(€3~6)。

Step 3 点第一道菜

接着点第一道菜(Primo Piatto),像意大利面(Spaghetti)、饭(Risotto)等(€6~10)。

Step 4 点第二道菜

再来点第二道菜(Secondo Piatto),也就是肉类或鱼类;另还可点配菜(Contorno),大都是一些烤蔬菜、沙拉(Insalata)、汤(€8~15)。

烤得好的菜,会带着香香的熏烤味,相当美味

Step 5 点佐餐酒

点完菜后,可请服务生推荐适合菜肴的酒,可点一杯酒或1/4或1/2或一升酒。

Step 6 点甜点或餐后酒

吃完菜后,服务生会问你是否要点水果(Frutta)或甜点(Dolce)(€3~5),或是点奶酪(Forma-ggio)配餐后酒,有柠檬酒、意式白兰地等。

除了美味主菜,更别忘了尝尝意大利的甜点

Step 7 付账

用完餐可请服务生拿账单(Conto)过来,如果是在酒吧或小餐馆用餐,则可自行到柜台付账。

Step 8 给小费

小费可随意给(并不一定要给),但请不要给一大堆零钱,比较不礼貌。如果以信用卡付款,则可在小费栏填写小费金额。服务生通常会将信用卡拿到柜台刷卡,有些人也会直接拿刷卡机过来刷卡。

到哪里找吃的？

吃，是意大利很重要的文化，所以在意大利绝对不愁找不到吃的。餐厅种类有很多种，可依自己的需求及预算挑选。一般而言，低价位餐饮€5～15，中价位€15～25，高价位则在€25以上。

餐厅种类

连锁餐厅

意大利并不流行连锁餐厅，强调的是各家妈妈的独传口味，全意大利只有几家自助餐厅跟比萨、意大利面店而已。各大火车站附近也可看到麦当劳，但绝对没有Starbucks这种美式咖啡馆。

自助餐厅：Ciao、Brek

在重要景点附近或火车站、高速公路休息站都可看到。Ciao的分店较多。自助餐厅从面包、饮料、前菜、第一道菜、第二道菜、配菜、甜点都有，依自己所选的食物计价，若是饮料、沙拉及第一道菜，约€10。

意大利面店：Pastarito

大分量的意大利面、比萨餐厅，一份意大利面的分量可两人共食，算是很平价的餐厅，€5～9。

比萨店：Spizzico

几乎各大城市(尤其是火车站附近)都可看到这家便宜的比萨店，提供单片热烤比萨，约€2起。

冰激凌店：Grom

都灵创立的冰激凌店，应该是目前最优质的冰激凌店之一，意大利各大城市及纽约都有分店。

Spizzico是一家卖便宜比萨的连锁店

可以吃一些简单餐点的Bar

比萨店价格比餐厅便宜

几乎每家比萨店都有烤炉，现做现烤

自助餐的取菜动线按各道菜顺序排列

自助餐可直接点菜，现场为你烹调

低价位餐厅

比萨店(Pizzeria)
比萨是意大利人的主食，因此有许多简单的外带或站着吃的比萨店；也有一些比萨店像一般餐厅，提供各种餐饮，但价位比餐厅便宜。

咖啡馆(Caffeteria)或酒吧(Bar)
许多咖啡馆或酒吧提供简单的意大利三明治、配菜、意大利面，主要顾客为上班族或学生族。这类地方用餐价位较便宜且上菜快速。不过若只是要喝咖啡，站着喝会比坐着喝便宜。

烤肉店(Rosticerria)
意大利街上也有许多烤肉店，出售各式烤鸡肉、烤牛肉、烤猪肉。你可到店里买半只鸡或切几片烤肉，再买个面包及西红柿、生菜，就可到公园享受便宜又实惠的餐点。

中价位餐厅

餐馆(Trattoria)
用餐气氛较轻松，价位也较便宜。

小酒馆(Osteria)
有很多酒饮选择及下酒菜，有些Osteria也像一般餐厅，提供丰富餐饮。威尼斯的Osteria酒馆文化相当风行。

高价位餐厅

正式餐厅(Ristorante)
价钱最贵，也较正式。若要去一些受欢迎的餐厅用餐，最好事先预订。

这是很正式的餐厅，用餐价位颇高

可以吃一些简单餐点的Bar

Trattoria是餐饮选择丰富的小餐馆

小酒馆供应各式酒饮及小菜

买些烤肉夹面包吃，也是美味又实惠的一餐

如果要省钱，可自己买面包、蔬菜、熏肉，自制意大利三明治

面包店(Pasticeria)除了出售甜点，也供应许多咸面饼及比萨

便宜食物哪里找

在意大利找吃的，除了可到咖啡馆、Bar、烤肉店找便宜食物，超级市场也是个便宜解决一餐的好地方。大一点的超市，像是Standa、Esselunga、inCoop、Sam、Pam等都有熟食柜，可购买前菜或沙拉；或是买个意大利熏肉、生菜、面包，自制意大利三明治，省钱吃一餐。

一般市场内，也有一些摊位出售便宜又好吃的三明治及餐点，是个可以品尝地道餐点的好地方。此外，面包店(Pasticeria)通常也出售各式各样的单片比萨或烤面饼。

意大利较常见的超市有：Standa、Esselunga、inCoop、Sam、Pam等

走在意大利街上，通常可以找到熟食店，简单买个餐点，便宜解决一餐

吃在威尼斯

威尼斯的物价相当昂贵，如果走进一般观光客会去的地方，每道菜的单价都相当高(尤其是海鲜类、肉类)，再加上一些换盘费、餐巾费等，索价不低。建议可照意大利人的样，去一些较小的餐馆，或者到全国或全球的连锁店用餐。另外，在威尼斯也需特别注意海鲜的新鲜度。

常见的意大利咖啡

- **Caffè**：意大利人最常点的咖啡，便宜又好喝。不过一杯简单的Caffè，可是我们的浓缩咖啡呢！
- **Caffè Shakerato**：在双份浓缩咖啡中加入冰块，摇匀后装入Martini杯。摇过之后，上面的细泡沫更添咖啡风味。
- **Cappuccino D'orzo**：喝咖啡怕睡不着的人，可尝试这种以麦茶包取代咖啡的卡布奇诺，味道相当好。
- **Caffè Macchiato**：咖啡玛其朵是在浓缩咖啡里加一点牛奶，是我个人相当喜欢的意式咖啡。
- **Cappuccino**：卡布奇诺是在浓缩咖啡内加入打泡的牛奶。
- **Caffè Latte**：拿铁咖啡，牛奶分量较多。
- **Caffè Americano**：较淡的咖啡，又称Caffè Lungo。
- **Caffè Corretto**：加入白兰地或八角酒的调酒咖啡。
- **Caffè Freddo**：冰的浓缩咖啡。
- **Caffè con Panna**：浓缩咖啡上加鲜奶油。

点咖啡小提醒

用餐或饭后点卡布奇诺，会被看出你就是个观光客啦！意大利人认为卡布奇诺或拿铁咖啡的牛奶太多，无助消化，点杯咖啡玛其朵(Caffé Macchiato)或浓缩咖啡(Caffé)吧！

又，想要拿铁咖啡可别只喊Latte，店家会端上一杯牛奶给你，因为Latte在意大利文中是"牛奶"，请说"Caffé Latte"。

意大利传统美食

意大利炖饭 Risotto

以起司、牛骨汤炖煮的米饭,最好吃的有石蕈菇炖饭(Risotto ai funghi porcini)、海鲜炖饭(Risotto ai frutti di mare)。若是白酱的炖饭,吃的时候可加起司粉;西红柿炖的红酱或海鲜炖饭,则不适合加起司粉。

综合炸海鲜 Fritto misto di mare

虾、墨鱼、小鱼等综合海鲜酥炸,在威尼斯、阿玛尔菲海岸、西西里岛等靠海地区都很常见,口感有点像中国的盐酥鸡。

番茄起司 Insalata caprese

卡布里式沙拉,有红色的西红柿、白色的Mozzarella起司及绿色的罗勒叶,就像意大利国旗的颜色,再淋上橄榄油、盐巴,简单又可口。

面疙瘩 Gnocchi

用马铃薯和成的圆圆胖胖小面团,有点像中餐的面疙瘩,口感厚实。

耳朵面 Orecchiette

南部普利亚地区的意大利面,形状像小耳朵,无论是加苦菜或意大利香肠肉料理都很适合。

意大利比萨 Pizza

常见的有:罗勒、番茄酱及橄榄油的Pizza Marinara;番茄酱、奶酪的Pizza Margherita;加上朝鲜蓟的Pizza Romana;起司、番茄、朝鲜蓟、火腿,再打上半熟蛋的Pizza Capricciosa;4种不同奶酪的Pizza quattro stagioni;将比萨包起来烤的Calzone;若是快餐店的切片比萨则称为Pizza al taglio。

意大利海鲜面 Spaghetti ai frutti di mare

西红柿及虾、淡菜(Cozze)、蛤(Vongole)、墨鱼等海鲜。

意大利肉酱面 Spaghetti al ragu

博洛尼亚的肉酱面,是最普遍可见的意大利面。

哈密瓜火腿 Prosciutto e melone

哈密瓜跟意大利火腿竟然是绝配,相当清爽的一道前菜。

米兰炖牛胫骨 Ossobuco alla Milanese

以牛胫骨、番红花、起司炖煮。餐厅也提供牛胫骨及炖饭合菜。

佛罗伦萨牛排 Bistecca alla Fiorentina

冰激凌 Gelato

提拉米苏 Tiramisu

佛罗伦萨最著名的牛排,分量大、厚实,由于牛肉本身的肉质就已经很好了,只要加上些许盐炭烤就是最美味的一道佳肴。

意大利冰激凌是世界上最好吃的一种食物,讲究以新鲜水果、牛奶呈现最天然的绵密口感。到意大利,一天请至少吃两球。

意大利最经典的甜点,将Mascarpone起司、蛋、糖打好后,放上蘸咖啡的手指饼干,然后静置在冰箱中6小时即可食用。

意大利饺子 Ravioli或Tortellini

烤蔬菜 Verdura alla griglia

墨鱼面 Spaghetti al Nero di Sepia

面皮内包起司、肉酱、菠菜、南瓜等不同馅料的意大利饺子,有些会做成汤饺。

将蔬菜直接炭烤,最推荐节瓜Zucchini及茄子Melanzane。

用新鲜墨鱼,经过繁复的处理程序烹煮的墨鱼面。

意大利街头美食

- **鹰嘴豆烤饼 Farinata**:北意西北沿岸的特有小吃,将鹰嘴豆粉和水及橄榄油放进铁盘,推入柴烧炉中窑烤。非常的香脆,绝对是让人一吃、还想再吃的街头美食。在都灵、热那亚及五渔村较常见。

- **烤咸饼 Foccacia**:意大利常见的烤咸饼,样子有点像切片的比萨,最简单的是加上香料、橄榄油烤,另外还有加意大利火腿、起司、各种蔬菜的,口味相当多。

- **炸肉酱米饭团 Arancini con ragu**:西西里岛小吃,将米饭、番茄酱、起司及肉酱捏成球状酥炸,由于样子、颜色跟柳丁(Arancia)很像,所以取名为Arancini。许多咖啡馆、快餐店都有,有些是加蘑菇(Funghi)或茄子(Melanzane)。

- **意大利三明治 Panino**:意大利最常见的快餐,通常是在长形硬皮面包中夹番茄、奶酪、意大利火腿、茄子、沙拉等。威尼斯附近还有一种用吐司面包做的三明治Tramezzino,里面会包火腿、沙拉、橄榄、鲔鱼酱等。

- **烤肉三明治 Panino con la porchetta**:市场内常见整只塞着香草的乳猪香烤后,刨下薄片夹在硬皮圆面包中,猪皮的部分尤其香脆,猪肉则带着香草的清香。

- **牛肚三明治 Panino con il lampredotto**:佛罗伦萨中央市场的特产,无论是炖牛肚或牛肉(Panino con bollito),都是入口即化,包在小圆面包中,再淋上卤汁、香草辣酱,简直是魂牵梦萦的好味道。佛罗伦萨中央市场外面及市场内的Nerbone摊都有。

意大利特色酒类饮料

红酒／白酒(Vino Rosso／Vino Bianco)
意大利葡萄酒是全球最优质的葡萄酒之一，其中以北意皮埃蒙特区的巴罗罗（Barolo）、中意的基安蒂最有名，西西里岛酒近年来也越来越受好评。

气泡酒(Spumante)
类似法国的香槟，以北意皮埃蒙特区的白葡萄气泡酒（Asti Spumante）及威尼斯附近的普洛赛克（Prosecco）最有名，很适合作餐前酒饮用。

意式白兰地(Grappa)
意大利白兰地，酒精浓度约35%，适合餐后喝。

柠檬酒(Limoncello)
来自南意卡布里岛及阿玛尔菲海岸的黄色柠檬酒，有着清香的柠檬味，很适合餐后喝。

咖啡酒(Caffe Corretto)
在浓缩咖啡中加入意式果渣白兰地（Grappa）或八角酒，咖啡香更为醇浓了。

应用意大利文ABC

菜单用语

Antipasti／开胃菜
Antipasto di mare／海鲜开胃菜
Affettati e formaggi／肉类起司开胃菜
Crostini misti／综合烤面包
Zuppa／浓汤

Primi piatti／第一道菜
Spaghetti al ragu／意大利肉酱面
Spaghetti di mare／海鲜意大利面
Taghiatelle ai funghi porcini／蕈菇意大利面
Spaghetti al pesto Genovese／松子酱意大利面
Lasagna／千层面
Tortellini / Ravioli／意大利水饺
Penne／水管面
Tagliatelle／意大利宽面
Risotto／炖饭
Vongole／蛤蛎
Cozze／淡菜

Secondi piatti／第二道菜
Bistecca／牛排
Maiale／猪肉
Agnello／羊肉

Pesce／鱼类
Gambero／虾

Contorni／配菜
Insalata mista／沙拉
Verdura grigliata／烤蔬菜
Verdura lessata／水煮蔬菜
Patatine fritte／薯条

Dolci／甜点
Tiramisu／提拉米苏
Torta della casa／今日甜点
Frutta／水果
Sorbetto al limone／柠檬冰

Bevande／饮料
Acqua naturale／没气泡的矿泉水
Frizzante(gasato)／有气泡的矿泉水
Birra／啤酒
Vino rosso, bianco／红酒、白酒
Liquore／餐后酒
Coperto／餐巾费
Mancia／小费
Panino／意大利三明治

餐厅用语

Sono vegetariano / vegano.
吃全素／是不吃蛋或奶酪的素食者。
Vorrei questo.
请给我这个(以手去指菜单的某道菜)。
Vorrei ordinare come loro.
我想要点跟他们一样的菜。
Cosa mi consiglia?／你可以推荐吗？
Qual e' la specialita della casa?
你们的招牌菜是什么？
Basta cosi, grazie.／这样就够了，谢谢。
Avete il menu turisco?／你们有套餐吗？
Mi porta il conto, per favore.／请帮我们结账。
Conto separato, per favore.／麻烦分开算。
Il conto e' sbagliato.／这个账单的金额不对。
Vorrei riservare un tavolo per 3.
我想预约一张桌子。我们有3个人。
Possiamo ordinare?／我们可以点菜了吗？
Scusi, ci vuole ancora molto?
抱歉，还要很久才会上菜吗？
Puo' portare un piatto / coltello / forchetta / cucchiaio?
可以多给我们一个盘子/刀/叉/汤匙吗？
Vorrei un bicchiere di vino?／请给我一杯酒。
Vorrei un caffe'.／我想要一杯咖啡。
Vorrei una coppa piccola / un cono piccolo di gelato.／我想买小杯/甜筒装的冰激凌。

玩 乐 篇
Sightseeing

照片提供Courtesy of Fondazione Arena di Verona／摄影者Fainello

到意大利，去哪里观光看名胜？

意大利是欧洲文化相当重要的宝库，处处是古迹，每个大小城市乡镇都自有其特色，或恬静的或热情的或悠闲的意大利风情，等你来探访！

观光路线建议	100
中、北意观光10天　中、南意观光10天	100
全意观光14天	102
全意观光21天(+西西里岛)	104
意大利必玩景点	105
罗马	105
佛罗伦萨	106
威尼斯	107
米兰	108
意大利主题之旅	109
善用套装行程	111
意大利夜生活	112
应用意大利文ABC	113

观光路线建议

由于意大利的地形狭长，如果只有10天假期(扣除飞行时间，只剩8天)，建议选择中、北意或中、南意游玩，这样就不会花太多时间在交通上，否则就要善用意大利国内飞机或火车夜车，进行重点式游玩。

中、北意观光10天

行程安排

Day 1~2　罗马（Roma）

Day 3~5　佛罗伦萨（Firenze）【可各花半天时间在比萨（Pisa）及锡耶纳（Siena)】

Day 6~7　威尼斯（Venezia）

Day 8　　米兰(Milano)【(前往米兰途中，可在维罗纳（Verona）稍作停留)】

备注：建议购罗马进、米兰出的机票，先从罗马到佛罗伦萨，再以佛罗伦萨为定点游比萨、锡耶纳小山城，接着往北到威尼斯，再到米兰做最后的Shopping！(途中可停Padova或Verona)。

观光重点

托斯卡纳：若有充裕时间可游玩意大利，建议多花几天在托斯卡纳地区，可投宿农庄或酒庄，体验乡间生活。此区有许多小镇，相当值得多待几天。

罗马：此地景点相当多，只玩2天有点紧凑，如果想好好欣赏艺术或逛街，建议可多待1～2天。

威尼斯：此地物价较贵，因此只排1天半的时间，建议可在抵达当天到一些离岛，剩下的半天及隔天半天，留在本岛观光。

米兰：此地是逛街天堂，想在意大利大血拼者可安排2天时间，否则可以多留1天给威尼斯，或到附近小镇参观(Como和Lago Maggiore都不错)。

中、南意观光10天

行程安排

Day 1　　罗马（Roma）

Day 2　　那波利(Napoli)【可前往庞贝(Pompeii)】

Day 3~4　索伦托（Sorrento）【在此过夜，并由此搭船到卡布里岛(Capri)】

Day 5　　阿玛尔菲海岸（Amalfi）

Day 6~7　阿尔贝罗贝洛（Alberobello）及莱切(Lecce)

Day 8　　罗马(Roma)

备注：购买罗马进出的机票，由罗马往南到那波利，接着参观庞贝，夜宿卡布里岛或阿玛尔菲海岸，花两天时间在阿玛尔菲海岸，然后往东部的蘑菇屋村阿尔贝贝洛及巴洛克之城莱切，最后回到罗马。

观光重点

罗马：到意大利南部若是搭乘火车游玩，由于交通时间较长，建议第一天可先在罗马观光并休息，接着再前往南部观光，最后再预留1～2天给罗马。

庞贝：此地位于那波利跟索伦托之间，建议这两个地方可择一投宿，将行李放置好后再观光；夏季前往庞贝，切记携带防晒用品。

索伦托：这是靠近卡布里岛的美丽小镇，建议可在此投宿，价位比卡布里岛便宜很多，由此可搭船前往卡布里岛观光。

阿玛尔菲海岸：沿岸有很多南意小镇，建议可投宿在Positano或Ravello。

阿尔贝罗贝洛：意大利东南部一个独具风味的小村落，建议可投宿白色圆锥房屋，其他时间可到附近景点或国家公园观光。

Traveling in Italy

玩乐篇

地图标注：
- 米兰(Milano)
- 威尼斯(Venezia)
- 比萨(Pisa)
- 托斯卡纳(Toscana)
- 佛罗伦萨(Firenze)
- 锡耶纳(Siena)
- 翁布里亚(Umbria)
- 罗马(Roma)
- 那波利(Napoli)
- 庞贝(Pompeii)
- 卡普里岛(Capri)
- 索伦托(Sorrento)
- 阿玛尔菲海岸(Amalfi)
- 阿尔贝罗贝洛(Alberobello)
- 莱切(Lecce)

威尼斯著名的贡多拉凤尾船

每年2月威尼斯嘉年华会魔幻登场

托斯卡纳的乡间风光

意大利许多教堂都是免费参观的艺术宝殿

中小型城市相当适合夜间出游（博洛尼亚）

以蓝洞闻名的卡布里岛

莱切——整个城市充满巴洛克风格建筑

普利亚的蘑菇村阿尔贝罗贝洛

⁉ 蜜月行程比较Tips

- **行车时间**：仔细看行程是否能让自己好好享受行程，而不是一直花时间在搭车上，这对于一趟旅程来讲相当重要。因此看行程时，最好拿出意大利地图，依照行程安排来看各点之间的行车时间。例如：避免从托斯卡纳一路搭巴士到米兰，几乎浪费一整天的时间在搭车上。长途旅程以搭"欧洲之星"等级的快速火车为佳。

- **特色住宿及餐点**：几乎所有行程都会包含意大利经典景点，但若是能依据当地特色，安排较有特色的行程为佳。例如：托斯卡纳地区能住庄园或享用当地餐点、拜访酒庄等。

- **价钱**：当然还是要依照个人的预算为基础来寻找适合的行程。

罗马夜景

全意观光14天

行程安排

Day 1	米兰（Milano）
Day 2~3	威尼斯（Venezia）
Day 4~6	佛罗伦萨（Firenze） (可行经博洛尼亚，另一天参观比萨)
Day 7~8	托斯卡纳（Toscana）或翁布里亚（Umbria）农庄、酒庄住宿
Day 9	罗马与梵蒂冈(Roma)
Day 10	那波利（Napoli）／庞贝(Pompeii)
Day 11~12	阿玛尔菲海岸(Amalfi)／卡普里岛(Capri)
Day 13~14	罗马（Roma）／再见意大利!

备注：可购买米兰进、罗马出的机票，扣掉前后两天飞行时间，实际可安排行程的天数为1~2天，只能玩经典城市。

观光重点

米兰：米兰大教堂及购物是重点，晚上可到运河区及Brera美术馆区用餐，或者到史卡拉歌剧院看表演。

威尼斯：物价昂贵的城市，也可考虑住在浪漫的维罗纳及大学城帕多瓦，当天往返。不过在那里住一晚也可看到水都鬼魅的另一面，晚上可到圣马可广场听免费音乐会。

佛罗伦萨：乌菲齐美术馆、彼得宫、大教堂都是意大利艺术之旅的重点，另也别错过中央市场小吃及Santa Maria Novella老药房。

托斯卡纳或翁布里亚：可考虑锡耶纳、圣吉米尼亚诺、皮恩扎等地，翁布里亚则可考虑佩鲁贾、阿西西、奥维多。

罗马与梵蒂冈：梵蒂冈博物馆跟圣彼得大教堂是必访之处。晚上可到纳沃纳广场或西班牙广场附近用餐。

那波利与庞贝：那波利古城的乱，夹杂着古典美与南意人的气势，是迷人的。当然，那波利比萨香，更是让人垂涎三尺。

阿玛尔菲海岸：从卡布里岛、索伦托、波西塔诺、阿玛尔菲到拉文纳，每个小镇都各有风情。可考虑住在卡布里岛、波西塔诺或拉文纳。

罗马：可参观竞技场、万神殿、梵蒂冈、许愿池，若还有时间则可预约参观Borghese博物馆，或到西班牙广场附近购物。

阿玛尔菲海岸

Traveling in Italy

玩乐篇

- 米兰(Milano)
- 都灵(Torino)
- 热那亚(Genova)
- 五渔村(Cinque Terre)
- 威尼斯(Venezia)
- 帕多瓦(Padova)
- 维罗纳(Verona)
- 博洛尼亚(Bologna)
- 托斯卡纳(Toscana)
- 比萨(Pisa)
- 佛罗伦萨(Firenze)
- 锡耶纳(Siena)
- 翁布里亚(Umbria)
- 罗马(Roma)
- 那波利(Napoli)
- 庞贝(Pompeii)
- 卡普里岛(Capri)
- 索伦托(Sorrento)
- 阿玛尔菲海岸(Amalfi)
- 巴勒莫(Palermo)
- 墨西拿(Messina)
- 陶尔米纳(Taormina)
- 卡塔尼亚(Catania)
- 锡拉库萨(Siracusa)

五渔村

维罗纳

博洛尼亚

巴勒莫大教堂

陶尔米纳

街头艺人(佛罗伦萨)

全意观光21天(+西西里岛)

行程安排

Day 1	罗马（Roma）
Day 2	翁布里亚（Umbria）
Day 3	托斯卡纳（Toscana）
Day 5~6	佛罗伦萨（Firenze）
Day 7~8	五渔村（Cinque Terre）
Day 9	都灵（Torino）【途经热那亚（Genova）】
Day 10	米兰（Milano）
Day 11	维罗纳（Verona）
Day 12~13	威尼斯(Venezia)
Day 14	博洛尼亚(Bologna)
Day 15	罗马(Roma)(搭夜车到西西里岛)
Day 16	锡拉库萨(Siracusa)
Day 17~18	陶尔米纳(Taormina)(途经卡塔尼亚)
Day 19	巴勒莫(Palermo) (晚上搭船回那波利)
Day 20	那波利(Napoli) ／罗马（Roma）
Day 21	搭机回国

* 可购买罗马进出机票，一路往北玩到佛罗伦萨，接着往西部海岸的五渔村、热那亚及都灵，往东行经米兰、维罗纳、威尼斯，再往南到博洛尼亚、罗马。若要安排到西西里岛的话，则可从罗马搭夜车或飞机直抵西西里岛东部，再由巴勒莫搭晚上的渡轮回那波利。留1~2天时间参观那波利，最后回罗马搭机。

观光重点

罗马：可先参观梵蒂冈城的圣彼得大教堂及博物馆，晚上到西班牙广场附近用餐。

翁布里亚：奥维多靠近罗马，可途经奥维多，当天可在圣人之城阿西西或大学城佩鲁贾过一晚。

托斯卡纳：找家农庄或酒庄悠闲过一天，最著名的是大学城锡耶纳，而童话般的古城是圣吉米尼亚诺，还有号称全意大利最美味的冰激凌。若想安静度假，可考虑锡耶纳以南的小镇，像是皮恩扎，冬天则可考虑Bagno Vignoni温泉镇。

佛罗伦萨：艺术重镇，建议住在市区，傍晚可到老桥或米开朗基罗广场看夜景。

五渔村：喜爱健行者的天堂，国家公园管理处规划多条路线，衔接滨海的五个小渔村。

都灵(途经热那亚)：以巧克力与汽车闻名的工业大城，同时也是神秘的魔法城市，是比你想象中还有趣的大城市。

米兰：购物天堂，可选在1月初或7月初拜访，刚好遇到折扣季。4月份的国际家具设计展，更把整个城市变成设计城。附近的山城贝加莫、科摩湖或大湖区也很值得拜访。

维罗纳：意大利最浪漫、最优美的城市之一，6~9月的歌剧季是绝佳的拜访时间。

威尼斯：全球著名的水都，也可考虑住在帕多瓦或加尔达湖边小镇西尔米奥奈镇。

博洛尼亚：意大利美食之都，市区有许多平价又美味的餐厅，同时也有欧洲第二古老的大学，整个城市充满活力。

罗马(搭夜车到西西里岛)：可参观竞技场、胜利圣母教堂、许愿池、万神殿、纳沃纳广场。

锡拉库萨：以前是古文明中心，是西西里岛最有气质的城市，可慢慢游逛古城区及希腊遗迹区。

陶尔米纳：西西里岛最迷人的城市之一。可途经卡塔尼亚，或者搭船到爱奥尼亚群岛。

巴勒莫：西西里岛首府，万花筒般的大教堂及充满活力的市场，都是巴勒莫的观光重点。

那波利／罗马：清晨抵达，参观那波利市区及古城区，下午搭车回罗马，可到西班牙广场或梵蒂冈城外购物，晚上在纳沃纳广场或越台伯河区用餐。隔天早上到花之广场，接着准备搭机回国。

意大利必玩景点

罗马

西班牙广场前的名牌街，让你买到手软

- **圣彼得大教堂(Basiilica di San Pietro)**
  米开朗基罗的教堂大圆顶(Cupola)及内部的天顶盖(Baldacchino)、圣母怜子图(Pieta)以及外部由贝里尼所设计的广场与柱廊。**请注意：** 进入教堂不得衣衫不整，如穿着无袖衣服，要用丝巾围上或加件小外套。

- **梵蒂冈博物馆——西斯廷礼拜堂&博物馆(Cappella Sistina)**
  此地不可错过的艺术品包括：米开朗基罗的《最后的审判》及《创世纪》、拉斐尔的《雅典学院》。

- **纳沃纳广场(Piazza Navona)**
  贝里尼的四河喷泉，这里也有许多街头画家及街头艺人，12月为热闹的圣诞集市。

- **西班牙广场(Piazza di Spagna)**
  广场前即为罗马名牌街，以及电影《罗马假期》中的喷泉。**请注意：** 坐在西班牙广场阶梯上时，不可饮食喔！否则警察会特别过来"关心"你！

- **竞技场(Colosseo)**
  靠近市中心的威尼斯广场、古罗马议事场，为罗马式建筑代表作，是座可容纳5万人的疯狂斗兽场。

- **许愿池(Fontana di Trevi)**
  美丽的雕刻池，罗马游客必会到此投币许愿，希望有朝一日再回罗马。

- **国立绘画馆(Galleria Nazionale d'Arte Antica)**
  收藏拉斐尔、菲利浦·彼提等大师的作品。

- **万神殿(Pantheon)**
  壮丽的圆顶建筑奇迹及拉斐尔之墓。

- **贝佳斯美术馆(Galleria Borghese)**
  坐落在广大绿园内的贵族别墅，收藏了许多贝里尼的作品。

罗马竞技场

这是罗马大名鼎鼎的许愿池，许多人会特地前来许愿

西班牙广场上的破船喷泉，曾出现在电影《罗马假日》中

佛罗伦萨

- **大教堂(Duomo)**
  除欣赏教堂建筑本身,还可登上屋顶,俯瞰佛罗伦萨全景并近距离欣赏天顶画。另可参观圣·乔凡尼洗礼堂(Battistero di San Giovanni)、乔托钟楼(Campanile di Giotto)。

- **米开朗基罗广场(Piazzale Michelangelo)**
  这里有复制的大卫青铜像,也是欣赏佛罗伦萨夜景的好地方。

- **老桥(Ponte Vecchio)**
  桥上有货品琳琅满目的金饰店,也是电影《香水》的拍摄地点。

- **学院美术馆 (Galleria dell' Accademia)**
  米开朗基罗的《大卫像》真品即收藏在此。

- **皮缇宫(Palazzo Pitti)**
  美第奇家族的宫殿,内设7个美术馆及博物馆,另也可参观美丽的后花园。

- **中央市场(Mercato Centrale)**
  圣罗伦佐教堂外的露天及室内集市,有许多纪念品及皮件摊贩。

- **乌菲齐美术馆(Galleria degli Uffizi)**
  第8展览室是菲利浦·利比的《圣母子与天使》,

第10~14室是波堤切利的《春》及《维纳斯的诞生》,第15展览室是达·芬奇的作品,第25展览室是米开朗基罗的《圣家族》,第26展览室是拉斐尔的《金翅雀圣母》。**请注意:** 参观乌菲齐美术馆,通常要排很长的队伍(旺季更得排上2~3小时),最晚可在参观前1天上网或电话预约,虽然需加收手续费€4(门票€6.50),但用金钱换来的时间可让你多体会一下佛罗伦萨!

- **Fiesole**
  佛罗伦萨郊区的高级小村庄,夏季在露天剧场有音乐会,由市区可搭乘7路公交车前往,车程约25分钟。

乌菲齐美术馆参观资讯

- 网址:www.polomuseale.firenze.it/uffizi(有简体中文)
- 电话预约参观:055 294 883(周一~周五08:30~18:30,周六08:30~12:30)。报上姓名、国籍、参观日期,即可拿到预约号码,并在预约参观时间前10分钟,到预约窗口买票即可。
- 上网预约参观:www.firenzemusei.it,收到确认e-mail后,打印预约号码,到美术馆预约窗口直接取票即可进入。旺季最好1个月前预约。
- 或者也可在抵达佛罗伦萨后,请饭店帮忙预订。

*以上资料时有变动,出发前请再次确认。

大教堂是游客到佛罗伦萨的必访之地

这座气势非凡的宫殿属于美第奇家族,内设有7个美术馆及博物馆

Fiesole是佛罗伦萨郊区的高级小村庄,夏季在露天剧场会举办音乐会

威尼斯

- **圣马可大教堂(Basilica di San Marco)**
  圣马可广场被拿破仑形容为"欧洲最高雅的客厅",这里的圣马可大教堂,则有"威尼斯宝库"之称。广场旁为总督府,凄美的叹息桥就在总督府侧面。广场上各家咖啡馆轮流演奏乐曲,可在广场上听免费的音乐会。

- **里亚托桥(Ponte di Rialto)**
  这座美丽的白色桥梁,是欣赏威尼斯大运河的好地点,傍晚时最美。

- **学院美术馆 (Galleria dell' Accademia)**
  此地是欣赏威尼斯画派作品的最佳地点。

- **圣方济会荣耀圣母教堂 (Basilica di Santa Maria Gloriosa dei Frari)**
  教堂内有著名的提香的《圣母升天图》。

- **安康圣母大教堂 (Basilica di Santa Maria della Salute)**
  可欣赏丁托列托的《迦纳的婚礼》及提香的《天井》画。

- **佩吉·古根海姆美术馆(Peggy Guggenheim)**
  收藏了许多著名的现代艺术作品,白色建筑优雅地坐落在大运河旁,是威尼斯安静又有气质的小角落。

- **圣萨卡利亚教堂 (Chiesa di San Zaccaria)**
  收藏了贝里尼的《圣母子与圣人天使》。周日不妨参加教堂礼拜。

- **穆拉诺岛(Murano)及布拉诺(Burano)**
  威尼斯的两个小离岛,一是以吹制玻璃闻名的穆拉诺岛,另一个则是以蕾丝艺术著称的缤纷小岛布拉诺。从圣马可搭船前往,船程约40分钟。

圣马可大教堂被誉为威尼斯宝库

里亚托桥是座美丽的白色桥梁,在此可欣赏威尼斯大运河

安康圣母大教堂收藏了丁托列托的《迦纳的婚礼》及提香的《天井》画

佩吉·古根海姆美术馆,白色建筑优雅地坐落在大运河旁

圣萨卡利亚教堂收藏了贝里尼的《圣母子与圣人天使》

穆拉诺岛是个以吹制玻璃闻名的小岛,可从圣马可搭船前往

米兰

- **米兰大教堂(Duomo)**

  意大利最具代表性的哥特式教堂,可爬上屋顶欣赏教堂雕刻。

- **感恩圣母大教堂 (Chiesa di Santa Maria delle Grazie)**

  达·芬奇著名的画作《最后的晚餐》真迹就在这里。要参观旺季时最好1个月前事先预约,这是米兰最热门的景点之一。

- **布雷拉美术馆(Pinacoteca di Brera)**

  收藏了贝里尼的《圣殇图》、《圣母子》、《亚历山大港传道的圣马可》和拉斐尔的《圣母的婚礼》;此外,附近还有许多相当具设计感的商店及餐厅、酒吧。

- **斯卡拉歌剧院(Teatro alla Scala)**

  晚上有各种音乐、歌剧演出,白天可参观歌剧院博物馆。

- **运河区(Porta Ticinese)**

  附近有许多特色餐厅,很多老房子也改为艺术家的工作室,每个月的最后一个星期日有热闹的古董集市。

- **斯福尔泽斯科城堡(Castello Sforzesco)**

  米兰王族的城堡,达·芬奇也曾参与城堡建筑设计。目前堡内有博物馆及美术馆,后面还有广大的公园区及现代美术馆。

雄伟壮阔的米兰大教堂,是意大利最具代表性的哥特式教堂

感恩圣母大教堂是米兰最热门的景点之一,达·芬奇《最后的晚餐》就在这里

斯卡拉歌剧院是全球最著名的剧院,白天也可参观歌剧院博物馆

布雷拉美术馆附近有许多设计名店及小餐馆

米兰运河区有许多老房子改为艺术家工作室

斯福尔泽斯科城堡是米兰王族的城堡,目前堡内有博物馆、美术馆

Traveling in Italy

玩乐篇

意大利主题之旅

意大利艺术之旅

罗马梵蒂冈博物馆绝对是全球最重要的艺术宝库，圣彼得大教堂的建筑之美，岂止是震撼人心。奥维多主教堂与迷人的小镇风情，直让人想停留在此。阿西西雄伟的圣方济大教堂，激起世人的虔敬之心。参观佛罗伦萨乌菲齐美术馆，是文艺复兴艺术的完美之旅。威尼斯画派跳动的色彩，挑战你的视觉；威尼斯艺术及建筑双年展，更是吸引全球的现代艺术爱好者。米兰大教堂与达·芬奇《最后的晚餐》，则是时尚之都的镇城艺术品；4月份米兰的国际家具设计大展，更是全球最重要的设计盛会。而那波利乱得迷人的古城，绝对是意大利生活艺术的活宝。西西里岛巴勒莫大教堂之美，让你每走一步，就又看到另一个层次的美。

佛罗伦萨大教堂

巴勒莫令人惊艳的大教堂

托斯卡纳乡间之旅

自然风光优雅无比的托斯卡纳，最适合找间农庄或酒庄住宿，悠闲地在乡野间散步、拜访附近的艺术古城、品味地道美食美酒。农庄、酒庄住宿搜寻网站：www.agriturist.it。

意大利自然之旅

意大利从北到南最著名的自然景点包括米兰附近的科摩湖、大湖。北意边境的Bolzano散发着阿尔卑斯山小镇风情，这附近的山区也是滑雪胜地。靠近法国的Piemonte区，则有宁静的迷人山谷。五渔村陡峭的海岸与缤纷的小镇风情，着实令人难忘。中意托斯卡纳的柔美丘陵地形无处可寻，翁布里亚郊区的恬静最能舒养人心。南意阿玛尔菲海岸及卡布里岛的湛蓝，让人一辈子也无法忘怀。西西里岛爱奥尼亚海与陶尔米纳醉人的沙滩，又如何让人割舍。

优美的大湖区

五渔村陡峭的海岸线

意大利特色温泉

爱奥尼亚群岛火山岛泥浆温泉：泡此温泉，是最能与大自然结合在一起的温泉之旅，整个人可徜徉在湛蓝的爱奥尼亚群岛中，自由自在地让火山泥浆浴滋润我们的肌肤。

维罗纳附近的加尔达湖小镇西尔米奥奈，是个悠闲又优雅的温泉小镇。而威尼斯附近的Abano温泉镇，则有许多设备完备的温泉疗养旅馆，深受德国游客的喜爱。

托斯卡纳温泉古镇Bagno Vignoni，有着相当古朴的罗马温泉浴池，泡在温泉里，欣赏着眼下的托斯卡纳山景，人生如此，夫复何求！

意大利酒香美食之旅

Piemonte的Barolo美酒与珍贵的白松露，是老饕们的秋季重点，慢食组织的总部位于这里的小镇Bra，每两年会有一次起司大会。都灵著名的Gianduiotti巧克力及冰激凌，是这座工业大城的软实力。威尼斯的墨鱼面与提拉米苏，是水都的经典美食。蒙地纳醉人的Balsamico醋庄，又怎能错过。帕尔玛意大利火腿及奶酪，是意大利美食界的国宝。博洛尼亚厚实有嚼劲的意大利方饺、宽面、Mortadella火腿、肉酱面，绝对让博洛尼亚荣登美食之城。佛罗伦萨牛排，当然是旅人大口咬的

No.1。托斯卡纳的Chianti美酒、Montacino陈年葡萄酒与顶级橄榄油，怎能不喝完又带走。罗马烤羊排的香脆，是永恒之都的骄傲。那波利比萨，早已是众所皆知的意大利经典。阿玛尔菲海岸与西西里岛的新鲜海鲜，不吃会后悔。东部普利亚的橄榄树海，藏着最美味的耳朵意大利面与热情奔放的普利亚料理。西西里岛的Granita柠檬冰、杏仁饼、炸米饭团、鳀鱼与海盐，让意大利本岛，怎么也不愿放开西西里岛的手。

意大利小镇之旅

意大利许多小镇，更能让人深刻体验意大利的民情、文化，这里藏着最可爱的意大利生活。

北意： 米兰郊区的贝加莫古城、浪漫的朱丽叶的故乡维罗纳、哲学家般的帕多瓦大学城；中意：托斯卡纳的锡耶纳及圣吉米尼亚诺、迷人的皮恩扎与《新月》拍摄地点蒙特布查诺、《托斯卡纳艳阳下》的拍摄地点科尔托纳及《美丽人生》拍摄地点阿雷佐。

浪漫的朱丽叶的故乡维罗纳

南意： 阿玛尔菲海岸的Capri、Sorrento、Positano与Ravello；普利亚地区的缓慢城市Trani、蘑菇屋村落阿尔贝罗贝洛及巴洛克之城莱切；西西里岛：最迷人的爱奥尼亚群岛、珍珠般的陶尔米纳、最有气质的锡拉库萨、巧克力之镇Modica及神之城市阿格里真托。

阿玛尔菲海岸

⁉️ 在意大利欣赏歌剧

歌剧源自意大利佛罗伦萨一个爱好古希腊表演艺术的团体，来访意大利，当然得体验一下意大利歌剧的魅力。意大利境内最著名的歌剧院包括米兰的斯卡拉歌剧院、维罗纳的Arena古罗马剧场、那波利的圣卡罗歌剧院。5月的佛罗伦萨有音乐季，西西里岛的陶尔米纳古希腊剧场，夏季也有各种表演。

善用套装行程

观光巴士1日游

意大利各大城市都有Sightseeing观光巴士。可购买24小时票，随上随下各个景点，车上也有各种语言的景点导览。这是轻松又快捷的观光方式，对于时间较紧迫的游客而言，相当便利实用。

观光巴士

当地旅游团

各城市火车站附近或旅游资讯中心，也会办一些导览行程，除了市区导览，也有城外小镇或郊区的行程，很推荐大家参加当地旅游团。除了选择较多元化，行程通常也较深入，缺点是需要懂一些英文才听得懂讲解，中文团比较少。

托斯卡纳也推出骑单车游托斯卡纳酒庄的行程，由佛罗伦斯出发，详细资讯可询问当地旅游服务中心。米兰及佛罗伦萨也有到附近大卖场的购物团。

单车观光团

青年旅馆旅游团

许多青年旅馆也办理各种观光、健行等活动，活动很多元。投宿后可立即询问柜台并报名，另外还可借此认识世界各地的自助旅行者。

⁉ 在意大利徒步观光

在意大利观光，该怎么看街名呢？一般来说，街头、街尾的墙上都有街名标志。意大利街牌都嵌在街头与街尾的墙上，路边棕色的路牌则是附近景点的标记。

意大利大部分城市的主要观光区都在古城区，古城区通常不太大，很多街道不是单行道就是行人徒步区，很适合徒步观光。走累了，许多城市也有马车观光，可体验一下古老的交通方式，或者可租脚踏车代步（火车站附近都有租车处，其中尤以佛罗伦萨最适合骑脚踏车观光）。而威尼斯的话，就放下地图，尽情迷路吧！街角墙上会有往火车站、圣马可广场、学院美术馆的标志，依这些大方向的标志行走，慢慢欣赏迷巷般的水都之美。

Eden Tour：有罗马城的徒步观光，其中包括黄昏行程，网址www.edenwalks.com。

意大利夜生活

意大利人的夜生活，以星期五晚上最为热闹。通常是和朋友先到酒吧喝个餐前酒开场，接着转战到餐厅吃晚餐，吃完晚餐后，看场电影，跳个舞；或者只是穿得漂漂亮亮的在街上闲逛，展示一下美仪美态。周末市区常是满街闲人到处乱晃。

除此之外，欣赏音乐会、歌剧、舞蹈表演等，更是不可错过的意大利夜晚好戏。各大城市都有大型的Teatro，也就是歌剧院或音乐厅，像是米兰的斯卡拉歌剧院，就有世界级的歌剧及音乐表演。仲夏夜的意大利星空下，也有许多蚊子电影院、免费的露天音乐表演。

许多小城市每年也都固定有音乐季、爵士季(Perugia)等活动，绝对不会让你晚上无所事事。详细资讯可参见各地旅游资讯中心提供的节目表，米兰的活动及夜生活也可参见Hello Milano免费报或www.ciaomilano.com。

晚归方法

虽然古城的住宿会比郊区贵一点，但还是比较建议住在古城区(除非自己开车)，晚上较方便到附近的餐厅、酒吧，而且也可夜游古城，太晚没有地铁了，也不用担心交通问题。

交通方法

一般城市的地铁营运到12:00～次日01:00，停驶之后，还会有夜班公交车，站牌会标为N(Notturno夜班车的缩写)或者猫头鹰的符号。

晚上搭出租车比较贵，但若是多人共乘的话，则会较划算且较方便。在意大利打电话叫车的话，是从出租车收到通知的地点就开始计费。

各城市的主广场晚上都很热闹，不用太担心安全问题

意大利夜晚有许多活动，可洽当地的旅游资讯中心

意大利人习惯先喝个餐前酒，再到餐厅吃晚餐，接着转战其他地方

Traveling in Italy

和意大利人打招呼

意大利人见到朋友，一定会亲吻脸颊(男生跟男生之间会握手)，告别时也是以同样方式告别。通常是左右脸颊各碰一次，嘴巴发出亲吻的声音。这种打招呼方式一开始你可能会觉得不习惯，但习惯后甚至会发现，这种方式还很能展现出见到友人的高兴心情。

慢食 Slow Food

麦当劳要在罗马的西班牙广场旁设立分店所引起的慢食运动，反对工业社会的速食文化，现在则成为保存意大利传统文化及美食的大功臣。至今仍在意大利及全球积极推动本土文化复兴，近年来又拓展到缓慢城市(Citta' Slow)，最著名的缓慢城市包括罗马附近的奥维多(Orvieto)及位于阿玛尔菲海岸的波西塔诺(Positano)。

应用意大利文 ABC

观光用语

Avete una guida della citta'?
请问有这个城市的观光手册吗？

Posso avere una cartina della citta'?
可不可以给我一份地图？

Come si arriva a......?
要怎么去……？

Dov'e' la biglietteria?
售票处在哪里？

Dove posso comprare il biglietto?
我可以在哪里买门票？

Quanto costa il biglietto?
一张票多少钱？

Dove posso veder un'opera / un concerto?
哪里可以看歌剧 / 音乐会？

A che ora inizia / finisce?
几点开始 / 结束？

Quanti tipi di biglietti ci sono?
有哪几种票价？

Ci sono riduzioni per giovani?
有没有青年优惠票？

Qual e' il biglietto piu' economico?
最便宜的票是哪一种？

Ci sono ancora posti per stasera?
还有今天晚上的票吗？

Si possono fare foto?
可以拍照吗？

Ci sono posti in piedi?
有站票吗？

Mi sono perso.
我迷路了。

Mi puo' indicare la strada per il mercato centrale?
请问中央市场怎么走？

Hai sbagliato direzione.
你走错方向了。

Sempre a diritto. / Vai a diritto.
直走。

Gira a sinistra.
左转。

Gira a destra.
右转。

Vorrei noleggiare una bicicletta.
我想租一辆脚踏车。

Quanto costa un giorno / all'ora?
1天 / 1小时多少钱？

Ha bisogno di un documento?
要押什么证件吗？

开始在意大利自助旅行

购物篇
Shopping

最令人屏息的世界名牌，都在意大利

讲到意大利，古迹和时尚的魅力并驾齐驱。世界重要名牌发源地都在意大利，不过除了血拼名牌货，也有很多别具地方特色的纪念品可买喔！

意大利购物现状	116
在意大利购物，注意五件事	117
退税、营业时间、折扣期间、购物礼仪、付款方式	117
意大利四大城市购物点	118
米兰、威尼斯、佛罗伦萨、罗马	118
如何采购礼物	119
特色型礼物	119
市场型礼物	120
不可错过的特产	121
如何办理退税	122
现金退税	122
信用卡退税	123
应用意大利文ABC	124

意大利购物现状

意大利的购物区都集中在市中心,尤其是主教堂附近,各种高级、中等价位的商品都排排站任你挑。近年来也相当流行郊区的购物村,周末时很多意大利家庭会到此购物。意大利较不流行百货公司,最大的百货是La Rinascente(米兰旗舰店,商品最齐全、规模也最大)及Coin(中价位优质商品),另外还有平价的Upim。

细数意大利各名牌

阿玛尼(Giorgio Armani)、华伦天奴(Valention)、古驰(Gucci)、杜嘉班纳(D&G)、芬迪(Fendi)、范思哲(Versace)、普拉达(Prada)、缪缪(Miu Miu)、璞琪(Emilio Pucci)、芙拉(Furla)、葆蝶家(Bottega Veneta)、奇安弗兰科·费雷(Gianfranco Ferre)、梦楚萨迪(Trussardi)、莫斯奇诺(Moschino)、罗伯特·卡沃利(Robert Cavalli)、菲拉格慕(Salvatore Ferragamo)、贝纳通(Benetton)、希·思黎(Sisley)、麦丝玛拉(Max Mara)、麦克斯蔻(Max & Co.)、迪赛(Disel)、Miss Sixty以及阿莱西(Alessi)设计品。

意大利主要百货公司

Rinascente

这算是意大利较有规模的百货公司,以米兰分店品牌最多,罗马、佛罗伦萨等较大城市都设有分店,店内也有餐厅、咖啡馆,米兰店还有退税中心。

网址:www.rinascente.it
地址:Piazza Duomo, Milano(米兰)
电话:02 88521
营业时间:10:00~22:00
　　　　　(冬季的周日10:00~21:00)
＊网页上会有提供给外国观光客使用的折价券。

Coin

中级百货公司,各大小城市都可以找得到,相当普遍。
网址:www.coin.it

Oviesse / Upim

较大众化、平价的百货公司,各大小城市也都可以找得到。像是罗马火车站内就有Upim百货公司。
网址:www.upim.it,www.oviesse.it

＊以上资料时有变动,出发前请再次确认。

意大利的精品店是最让人流连忘返的

许多小巷道都有一些设计小店

流行服饰也是到意大利的采购重点

每个大小城市的购物街区都很集中

米兰可说是意大利境内的购物殿堂

意大利人习惯逛精品店,百货公司较少见

在意大利购物，注意五件事

退税，精品名牌最划算

在意大利购物，一般含16%的营业税(IVA)，同日在同一家店买东西加总超过€155，就可以要求店家给退税单，到机场办理退税，可退回10%～12.5%的退税额。建议与友人同行购物，如果你在同一家店消费未达€155，便可和友人一起结账，填在同一张退税单上，退税后再分钱(退税详情，请见本章p.122"如何退税")。

营业时间，小店中午有休息时间

意大利商店的营业时间(Orario)通常都会标示在店门口。观光地区的市中心商店营业时间是10:00～19:30。非观光区的商店中午会休息，上半天营业时间是10:00～13:30，13:30～15:30午休，下半天营业时间是15:30～19:30。

折扣期间，冬、夏折扣时，手脚要快

意大利的季末打折都有统一打折日期，夏季打折通常是7月2日左右，冬季大约在1月5日。很多商店一打折，就下到7折或5折，所以精品店都是大排长龙，大众商店结账时也是大排长龙。看到喜欢的最好赶快下手，之后尺寸合适的就会越来越少。参考网站：www.sottocoperta.net

购物礼仪，礼多人不怪

1. 买东西时，不要随便动手摸，尤其是买蔬菜或水果时，意大利不像中国可以随意挑来挑去，最好直接告诉老板你要什么东西，请老板拿。至于其他的东西，也要先询问过再碰。想想也有道理，如果你费尽心思把东西摆得漂漂亮亮的，有人把它弄乱了，你一定也会不高兴。

2. 买东西时要有耐心，通常售货员一次只服务一位客人，也就是说当他正在帮其他客人打包，还没送走客人之前，就不会先服务其他客人，这也是对每位客人的尊重。

3. 进入店家时，建议可入境随俗打招呼。意大利人习惯跟店家打声招呼，早上说"早安"(Buongiorno)，下午以后就说"午安"(Buona sera)，离开时说再见(Arrivederci)。

付款方式，精品店爱用信用卡

意大利一般商店都接受以信用卡付款(旅行支票较不普遍)，店门口都有清楚标示。若要刷卡购物，请注意以下四件事：

1. 出国前最好先确认信用卡额度、卡片有效期限。
2. 刷卡后，保留好单据，回国后可核对账单。
3. 长时间旅行者，出国前不妨办理网上缴款服务，旅行时也可上网缴费或核对刷卡金额。
4. 使用信用卡消费，会外加1%的国际清算费，且费用会先转换为美金，再以美金转换成人民币。

意大利四大城市购物点

意大利人生性爱逛街，所以无论城市多小，一定会有一条中心购物街。不过如果想找一些较有特色的商店，则要多往一些小巷钻。以下列出意大利四大城市主要购物点：

米兰

大致可分为主教堂区、Porta Ticinese区、Brera区、Buenos Aries区。

- **精品街**：Montenapoleone、Via Andrea、Via della Spiga。
- **大众商店街**：Corso Vittorio Emanuele、Via Torino、Corso Buenos Aires。
- **特色商店区**：Ripa di Porta Ticinese、Corso di Como、Via Solferino、Via Brera、Corso Garibaldi。
- **著名集市**：周二、六早上古董集市：Viale Papinano(运河旁)；星期六跳蚤市场：Viale Gabriele d'Annunzio；每月第三个周六大集市：Via Fiori Chiari；每月最后一个周日古董集市：Alzaia Naviglio Grande、Ripa di Porta Ticinese。

佛罗伦萨

- **精品街**：Via de' Tornabuoni、Via dei Rondinelli、Via Vigna Nuova、Via Calimala、Via Por S. Maria、Ponte Vecchio(金饰)。
- **大众商店街**：Via de' Panzani、Via de' Cerretani。
- **个性商店街**：Via dei Calzaiuoli、Via Roma。
- **著名集市**：出售纪念品、皮件、蔬果：Mercato Centrale；每月最后一个星期日有机集市：Piazza Santo Spirito；跳蚤市场：Mercato dei Pulci(Piazza dei Ciompi)。

威尼斯

- **精品街**：Calle Vallaresso、Frezzeria。
- **大众商店街**：Via Mercerie、Campo San Luca。
- **个性商店街**：San Marco到Rialto的小巷道。

罗马

- **精品街**：西班牙广场区(Via Condotti)、Ponte Sisto到Campo de' Fiori之间(珠宝区)。
- **大众商店街**：Via del Corso、Via Nazionale。
- **个性商店街**：Via del Governo Vecchio。
- **古董区**：Via dei Coronari、Via Giulia、Via del Babuino。
- **著名集市**：周六跳蚤市场：Viale Trastevere, Porta Portese；二手衣市场：Porta San Giovanni附近；蔬果市场：Campo de' Fiori。

意大利著名名品折扣中心

McarthurGlen Castel Romano(罗马)
网址：castelromano.mcarthurglen.it
地址：Grande Raccordo Anulare di Roma
电话：06 5050050
营业时间：10:00～21:00

The Mall Firenze(佛罗伦萨)
网址：www.outlet-firenze.com/the_mall
地址：Via Europa, 8-50060 Leccio Reggello
电话：055 8657 775

Veneto Desinger Outlet(威尼斯)
网址：www.mcarthurglen.it/noventadipiave/en
地址：Via Marco Polo 1, Noventa di Piave (VE)
营业时间：周一～周六10:00～20:00

Serravalle(米兰)
www.outletserravalle.it
地址：Via della Moda, 1 Serravalle Scrivia
电话：0143 609 000、06 4827 150

＊以上资料时有变动，出发前请再次确认。

如何采购礼物

特色型礼物

难得来到意大利,除了观光区常见的钥匙圈外,当然要买最具当地特色的纪念品。以下列出四大城市的当地特产,供你做购物参考。

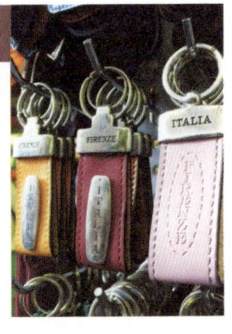

米兰:具现代感的设计商品及家具

威尼斯:玻璃制品、面具、手工纸、蕾丝制品

佛罗伦萨:皮件、袋子、金饰/银饰、古书/地图、手工皮雕、著名艺术品海报

罗马:古董、古物、宗教商品、纪念T恤

⁉ 在意大利买什么最划算

意大利是个血拼天堂,若没有节制,可能会让荷包大失血。以下列出几项在意大利买超划算的东西,让你出国前先做盘算计划。在意大利,买这些东西最划算:

- **精品名牌**:许多精品都是Made in Italy,较便宜又可退税。
- **摩卡壶**:在超市或家用品店都可找到意大利制的传统摩卡壶,在家就可轻松煮咖啡。
- **有机化妆品**:像著名的蕾莉欧、佛罗伦萨Santa Maria Novella老药妆品,都是淑女贵妇必扫的商品。
- **Alessi小家饰**:意大利著名的设计品牌,有各种有趣的家用品。
- **意大利足球衣**:意大利足球队相当有名,各队都有自己的商品。

另外,咖啡机、咖啡粉、皮件、葡萄酒、橄榄油等,也都是不错的选择。

意大利著名设计品牌Alessi

威尼斯面具是相当有魅力的纪念品

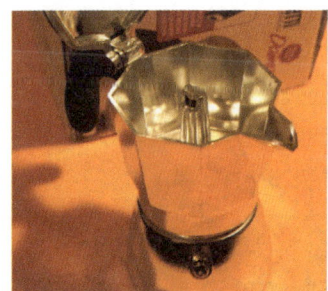

可直接放在瓦斯炉上煮的摩卡壶

米兰有许多具现代感的设计商品及家具

皮制品是意大利的特产之一

佛罗伦萨有许多手工纸,让人爱不释手

市场型礼物

很多人出国旅行总要买一些礼物回家送亲友，朋友如果很多，花费也会不少。建议其实可到意大利的超市、集市，买些便宜又地道的东西，是一种经济又实惠的送礼方式。意大利较常见的超市有：in Coop、Standa、Esselunga、Pam等。

若是要购买日常用品的话，除了连锁超级市场外，小镇也可找到传统杂货店。另外，传统市场也是日常用品的大本营。大城镇都会有每天固定的集市，像是罗马的花之广场集市与佛罗伦萨的中央集市，米兰城则是每一区，每周会有一次街头集市，小城镇通常是每周一次的广场集市。

- **超市／药房购物清单**：巧克力、意大利面、意大利面酱、橄榄油、起司、葡萄酒醋、有机香皂、有机保养品、咖啡粉、咖啡豆、葡萄酒。
- **集市购物清单**：摩卡壶：摩卡壶是意大利人家中必备的厨具之一，所以市场一定会卖，而且价格合理，约€15。便宜小家饰：意大利市场也有很多类似中国传统市场的便宜摊位，可找到很多可爱的小家饰，像是咖啡杯、美丽的纸巾、挂式收纳袋等。跳蚤市场、古董市场：大、小城市都会有一些古董或跳蚤集市，这也是挖掘有趣纪念品的地方。还有一些旧书、旧画、地图，也很有收藏价值。

!? 买报纸、杂志，送实惠

意大利许多报纸都会送杂志，像是 La Repubblica 每星期六都会送两本杂志，一本是流行资讯，另一本则为室内、家具设计，而且一份报纸只要€1.20，是不是超划算呢？另外，有些杂志也会送相当实用的礼物，想学意大利文者，还可买小朋友的杂志，里头常有一些新奇好玩的小礼物。

意大利超市搜寻网站：
www.regioni-italiane.com/supermercati-italia

意大利超市是购买礼物的最佳地点

会自动打奶泡的卡布奇诺摩卡壶

皮制小零钱包

古董集市

意大利著名特产帕拿马森起司

古书、古地图

不可错过的特产

葡萄酒

意大利葡萄酒品质好、价格又便宜,当然要带回家。较好的酒大约€15,品质一般的酒都在€10以内,建议可购买红、白酒及Asti气泡酒等。但限于关税,每人只能携带2～3瓶。

橄榄油

橄榄油是最健康的食用油之一,而意大利的品质可称全球之冠,尤其是托斯卡纳地区的橄榄油。

意大利面酱

像是开心果酱、肉酱(Ragu')、松子罗勒青酱(Pesto)、蘑菇酱及松露酱等,都是回国后回味意大利面的好帮手。

意大利面

意大利面是意大利的代表作,而且是当地人的主食,所以一包面只要人民币10元左右,可说是经济又实惠的礼物。推荐Barilla牌意大利面,买些在中国买不到的意大利面,如:面疙瘩Gnocchi、罗勒面或耳朵面Orecchiette等。在一些特产店会看到彩色意大利面,不想拿来煮的话,可以用来装饰。

有机保养品

意大利是欧洲最大的有机商品出产国,在这里可以好好购买有机商品。中国人较知道的品牌L'ERBOLARIO,在意大利当地买便宜很多,在一些药房或有机商店都可以买得到。另外,像Derbe香皂味道也很清香,包装又美观,也是送礼的好选择。推荐有800年历史的老药房Officina Profumo Farmaceutica di S. Maria Novella推出的保健品,完全采用最高级的天然花草制成,而且比在中国购买便宜很多。

葡萄酒醋

酿造时间长达12年以上的葡萄酒醋(Balsamico),是最健康的意大利佐料。

咖啡粉

举凡超市常见的Illy、Lavazza,以及罗马著名的金杯咖啡粉(Tazza d' Oro)都值得购买外,也可在一些咖啡馆买到店家自制的咖啡豆或咖啡粉。

巧克力

70%可可成分的巧克力,不但好吃,吃了也比较不会胖。顶级的Amedei巧克力与每颗巧克力内包着情诗的Baci巧克力,都是游客的最爱。

如何办理退税

在意大利购物，在同一家商店同一日消费达€155，即可退10%～12.5%的税，所以一定要好好了解退税方式喔！

退税一般而言是在机场办，也就是你离开意大利前，办好登机手续、入海关后办理。退税有两种选择：现金或信用卡退税。如果机场现金退税队伍真的排很长，可考虑采用信用卡退税，不过缺点是得等3～5个月才收到款项（或永远都不会收到）。

出国前请先记下你在中国的英文地址、姓名，填写退税单时须以英文填写。

Tax Free：若看见店家贴了这个标志，代表购物满€155就可以退税

现金退税

在机场的海关退税处(Custom)只要出示商品，获得海关人员盖章，就可以现金退税。

 店家开立退税单

购物之前，请先确认该店家是否为免税商店。若是的话，购物结算后超过€155，可请店员给你一张"Tax refund"退税单，服务人员会帮你填上所有购买货品及退税金额，然后你填上英文地址及护照号码。退税系统有3种，目前与Tax Free合作的商家较多。

 离境时，在机场check in

托运行李退税：

离开意大利时，若你要将购买物品放入大行李托运，请在机场柜台办理行李托运手续时，跟服务人员说这件行李要"Tax refund"，然后将行李拉到海关处盖章。

手提行李退税：

离开意大利时，将所有要退税的物品集中手提，大行李在办理check in时托运，随身带着要退税的物品，准备进海关后退税。

 海关抽检物品

托运行李退税：

等柜台人员将划好位的登机证交给你之后，请将行李（此时上头已贴好行李条）拉到海关退税处Custom，将所有手边的退税单拿给海关盖章。一般而言，海关会要求开箱抽检，并核对物品。

大部分海关只会随便抽查，但退税物品需看起来是没用过的样子。

 回到check in柜台

托运行李退税：

在海关处盖完章后，将行李拖回机场柜台交给原来帮你办理check in的人，将托运行李送进输送带。

Step 5　入关，领退税现金

托运行李退税：

之后便可开始入关，通过安检、移民关，通过后，请直接到机场里的Tax Refund退税柜台排队，领退税金(请依VAT Refund及Customs标志走)。

请注意： 虽然以托运行李方式退税，登机前会比较轻松，但是意大利机场有偷窃问题，重要物品也可能被偷走，建议贵重物品以手提退税方式办理。

手提行李退税：

携带要退税的物品，依序入关，通过安检、移民关，之后便可直接到机场内的海关退税处柜台(Custom)办理退税。请将你手边所有的退税单交给海关(海关会核对商品，请务必携带所有手提退税物品，若物品放在托运行李箱中，将无法退税)。海关盖完章后，请到旁边的退税柜台领取退税现金(请看好自己的退税单上是哪一家退税公司)。

⁉ 两人旅行，办退税更方便

若你不是单独在意大利旅行，那么退税时，可就方便、省时多了。由于一般商家大都属Tax Free及Tax Refund这两种退税系统，选择现金退税者，为避免在机场退税时，得到这两个系统的退税柜台排两次队，购物时，建议与友人分配好，谁固定填写某一家退税系统的退税单，届时到了机场，两人可分别到不同柜台排队退税，节省排两次队的时间，因为机场退税有时要排很长的队伍。

信用卡退税

建议遇到以下两种情况的人，可以办理信用卡退税较方便：

 **状况1　眼看就要登机，但现金退税队伍却排得很长**

海关盖好退税单后，眼看就要登机，但现金退税柜台队伍却排得很长。遇到这种情况者，可将海关盖好章的退税单(含收据)正本，连同购物时给你的信封一起封好，投入海关旁的信箱。但请记得保留副本，以备将来追退税之用。

 状况2　退税公司未在机场设立退税柜台

若退税公司未在机场设立退税柜台(罗马机场的海关旁，只有Tax Free、Tax Refund及Premiere这三种退税柜台)，遇到这种情况者，则请填好信用卡卡号及信用卡到期日(在商店购物结账时，应已填好购买人姓名、英文住址、护照号码)，将信封封好，投入海关旁该退税公司的信箱中，同样也请记得保留副本，以备将来追退税之用。

市区退税小提醒

其实，许多城市市区也设有市区退税柜台，可在市区就办好退税，而且马上可领取现金。只是过海关时，海关会查看所有你购买的商品，请务必将商品备齐供查验，否则无法完成退税手续。市区退税会扣手续费，所以会比机场退的税少，但可以先拿到现金使用。退税可选择美金、欧元、日元或英镑。

应用意大利文 ABC

购物单词

Macchina del caffe / 咖啡机
Moka / 摩卡壶
Cosmetici, Profumi / 化妆品、香水
Biologico, Bio / 有机商品
Tonico, Struccante / 化妆水、卸妆乳液
Crema contorno occhi / 眼霜
Detergente per viso / 洗面乳
Crema corpo / 身体乳液
Sapone, Bagno schiuma / 香皂、沐浴乳
Crema giorno, Crema notte / 日霜、夜霜
Shampoo, Balsamo / 洗发乳、润发乳
Olio essenziale / 精油

购物用语

Vorrei comprare questo.
我想要买这个。

Posso provare?
我可以试穿吗?

Dov'e' il camerino?
请问试穿室在哪里?

Quanto costa?
这个多少钱?

C'e' lo sconto?
有折扣吗?

C'e' una misura piu' piccola?
有小一点的尺寸吗?

Ci sono altri colori?
请问有别的颜色的吗?

Si puo' fare tax free?
可以退税吗?

Mi puo fare un pacchetto regalo?
可以帮我包装吗?

Dov'e' lo sportello tax free?
哪里可以退税?

Vorrei il rimborso su carta di credito.
我要信用卡退税。

Vorrei il rimborso in contanti.
我要现金退税。

通 信 篇
Communication

在意大利要打电话、上网、寄信怎么办？

要怎么与亲朋好友联络、与世界连上线，看看本篇的打电话、上网、寄信等资讯便可知。

打电话	126
从中国打电话到意大利	126
从意大利打电话回中国	126
拨打意大利当地电话	126
联络同行友人	126
使用手机	127
使用公共电话	128
上网	129
哪里可上网、哪里有无线上网	129
邮寄	129
如何在意大利收信	129
如何寄包裹	130
如何寄明信片	131
应用意大利文ABC	131

打电话

从中国打电话到意大利

国际冠码+意大利国码+区域号码+电话号码

先拨国际冠码，接着拨意大利国码"39"、区域号码(意大利所有区域号码都不去0)、电话号码。

拨打方法	国际冠码+	国码+	区域号码+	电话号码
打市内电话	00	39	06(罗马)	XXXXXXX
例如 *拨罗马一家旅馆电话: (06)1234-5678/从中国拨打的方式: 00+39+06+12345678			
*拨罗马当地朋友的手机: 333-1234-567(意大利手机号码前面都没有0)/从中国拨打的方式: 02+39+3331234567			

*意大利区域号码：06(罗马)、02(米兰)、055(佛罗伦萨)、041(威尼斯)、081(那波利)

从意大利打电话回中国

国际冠码+中国国码+区域号码+电话号码

先拨国际冠码"00"，再拨中国国码"86"，加上区域号码及电话号码。

拨打方法	国际冠码+	中国国码+	区域号码+	电话号码
打市内电话	00	86	010(北京)或其他区域码	XXXXXXXX
打手机	00	86	无(手机无区域号码)	11位号码
例如 *拨国内家中电话: (010)1234-5678 / 从意大利拨打的方式: 00+86+10+12345678			
*拨国内朋友的手机: 13512345678 / 从意大利拨打的方式: 00+86+13512345678			

拨打意大利当地电话

区域号码+电话号码

在意大利，打电话到任何地方，都要拨打区域号码。例如，在罗马市区要打当地电话，仍要拨打区域号码"06"，跟中国不太一样喔！此外，周日晚上23:00～次日06:00打电话费用最低。免费电话(Numeri Verdi)的开头为800。

联络同行友人

想联络同行友人，若两人均使用国内手机，只要在手机内的通讯录中将友人的手机号码储存为+8613512345678，即可直接拨打。只要设定"+"，到世界各国拨打电话时，手机就会自动以该国的国际冠码拨打。

使用手机

想打电话回家报平安，直接用手机拨打最方便！出国前申请开通国际漫游功能即可。

手机漫游

使用手机国际漫游打电话回国内，要负担的费用有两段：第一段是从意大利打到国内，第二段是从国内转接到受话方电话号码。虽然较昂贵，但是遇到紧急情况或发短信报平安，直接用手机拨最方便。

另外，一旦你接听电话，就得付国际漫游这一段的费用，也就是说从国内打电话给你的人，只要负担从国内拨打你手机号码这一段的费用，你则要负担从国内到国外这段费用。

此外，从意大利发送短信，一条约合人民币2元；国内用户发短信到漫游手机号码，只需付国内发短信的费用，可善用短信功能。

手机充电：一般手机的充电器为万国通用电压，因此只需带转接插头即可充电。

在意大利买预付卡

由于意大利手机通信系统与中国相同，因此也可到当地购买手机号码，直接插入中国带过去的手机即可。意大利主要电话公司有Tim、Wind、Omnitel、Vodaphone等，在当地出示护照即可购买预付卡，费用约€10，内含通话费用。之后在Tabacchi或超市、电信服务处，都可再购买加值卡。

SIM卡

电话号码
密码

节省电话费小提醒

出国若要使用国际漫游功能，可以将语音信箱关掉，因为只要一进入语音信箱，就会以昂贵的国际漫游费计价。

国际电话便宜打

- 意大利各城市(尤其是火车站附近)都可找到网络中心，里面通常会有国际电话亭，费用较便宜。
- 使用网络电话，例如Skype、Line等网上软件。出国前可先购买Skype电话点数，即使对方不是Skype用户，也可便宜拨打到市内电话或手机。
- 欧洲的报摊、亚洲商店或网际网络中心都可买到便宜的国际电话卡(Pre-paid Card)，店外的海报会贴到各国的分钟数。购买后，刮掉背后的密码，拨打卡片上写的800免费电话(分钟数会比较少)或室内电话(通话分钟数较多，但需用当地电话拨打或购买当地电话卡在公用电话拨打)。

通话软件推荐

只要连上网络就可拨打电话到全球各地，不但可节省国际通话费，还可视频通话，即时与亲友分享旅程中的点滴。

- **Skype**：iOS及Andorid系统。
- **LINE、Viber**：iOS及Andorid系统。
- **WhatsApp**：iOS及Andorid系统，免费传送信息、图片、语音及网上聊天。

电话卡拨打费率表

使用公共电话

意大利公共电话有3种，第一种是一般常见的投币或插卡式电话，在较热闹的区域或地铁、火车站都可以找得到，一些Bar里面也有。第二种是可以用信用卡打电话的公共电话，一般可在机场看到。第三种是可上网的公共电话，不过意大利目前还很少见，只有罗马一些比较热闹的观光区才看得到。

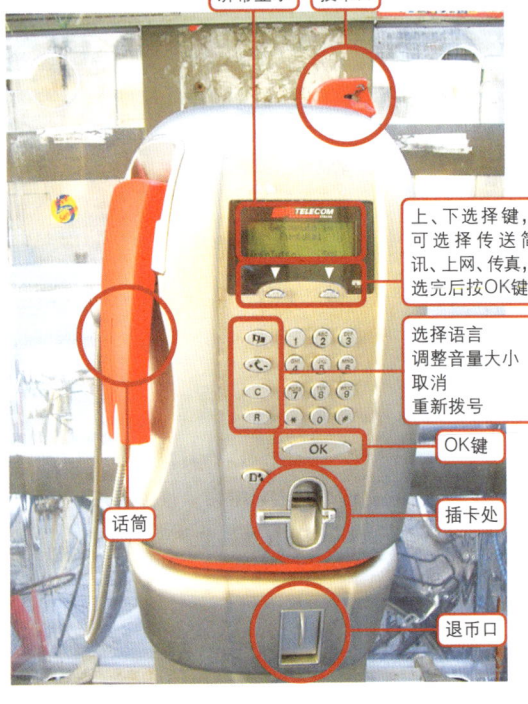

屏幕显示
投币口
上、下选择键，可选择传送简讯、上网、传真，选完后按OK键
选择语言
调整音量大小
取消
重新拨号
OK键
话筒
插卡处
退币口

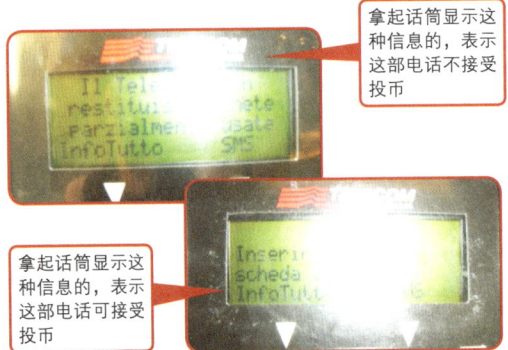

拿起话筒显示这种信息的，表示这部电话不接受投币

拿起话筒显示这种信息的，表示这部电话可接受投币

Bar店家门外若有电话标志，表示里头有公共电话可使用

可用信用卡拨打的电话，一般可在机场看到

很多公共电话不接受投币，或者投了钱被卡住而无法拨打，建议用电话卡

意大利路边的公共电话亭

一些Bar或火车站内都设有Tabacchi及报摊，可在此买电话充值卡

机场内的电信公司有卖国际电话卡，到各国都可用这张卡拨电话回国

上网

哪里可上网

意大利上网中心的费用相当昂贵，1小时€2～7不等，视地区而定。有些邮局另设有网络中心，但并不是很普遍。

火车站或观光区附近的街道，都可找得到上网中心，通常会标示"Internet"的字样。许多可以打便宜国际电话的店家，也提供网络服务。另外，有些旅馆也提供网络服务，青年旅馆内或附近大都有上网中心。

若不知道可以去哪里上网，可直接询问当地旅游资讯中心。

有很多可以便宜打国际电话的店家，也提供上网服务

哪里有无线上网

目前意大利政府已积极建设免费无线网路，在各大城市只要看到"Wifi Zone"的字样即可使用公共无线网络。此外，大部分旅馆、咖啡馆及书店也提供免费无线网络。

Skype也和各国的电信商合作，只要购买点数，就可以使用搜寻得到的合作电信商所提供的无线网络。各家收费不一，可上Skype网站查询费率表，使用时可选择较便宜的无线网络。

邮寄

意大利邮局的服务，是出了名的散漫，邮寄速度视邮差心情而定，很难拿捏得准，有些食物类邮寄品还很可能被退回。退回的话如果要领回，还要再付一段寄回的费用，所以邮寄之前最好事先询问清楚。重要文件可用快捷方式(Posta prioritaria)寄，需4～8天。近年来明信片邮寄比较有效率，寄到亚洲地区需4～7天。

邮局服务官网：www.poste.it/en/

看清楚喔，这就是意大利邮局名称与标志

如何在意大利收信

如果你在意大利旅行，没有固定地址，但仍需要收信，可利用"Fermo Posta"方式寄到某个城市的邮局，抵达该市该邮局后，出示护照，领取你的邮件。例如，如果你预计会到佛罗伦萨(Firenze)收信，则可将地址写为：

```
From: David WU
      PO Box 11-111
      Bejing  100025
      China                           邮票
             To: TaiYa WU
                 Fermo Posta
                 Firenze 50144
                 ITALY
```

持有American Express信用卡或旅行支票者，则可利用American Express的免费收信服务，将信件寄到当地American Express服务处，出示护照取件。

如何寄包裹

意大利的邮务比较不保险，重要物品最好用挂号邮寄。挂号信€0.62，1千克以内挂号包裹寄到中国约€9.30，2千克挂号包裹约€18.59，但一些书籍或衣服可装进A4以下的信封袋者，用小包裹寄，费用则较低，约€2.58～€6.71。寄包裹的方式如下：

意大利较大的邮局会同时设有储蓄业务及邮寄业务窗口，标有信封标示的为邮寄窗口

Step 1 包裹包装妥当
事先将物品用箱子装好，并用胶布粘好。

Step 2 填写邮寄表单
先拿取邮局内的包裹邮寄单，将地址及品项填写清楚。

Step 3 抽取号码牌
抽取号码牌，排队等候。

Step 4 窗口寄出
入内等候叫号，到窗口邮寄包裹。

到邮局寄信，请按标有信封标志的按钮，拿取号码牌

如何填写包裹邮寄单

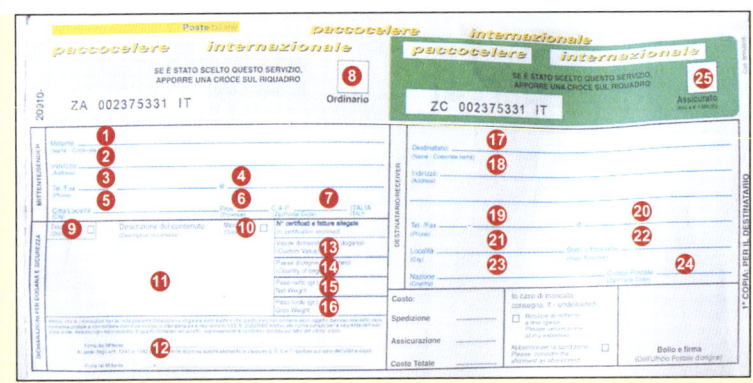

- ❶ 寄件人姓名
- ❷ 寄件人地址
- ❸ 寄件人电话／传真
- ❹ 寄件人电子邮件
- ❺ 寄件人所在城市
- ❻ 省份简称
- ❼ 邮政区号
- ❽ 一般邮寄勾选处
- ❾ 文件勾选处
- ❿ 其他物品勾选处
- ⓫ 邮件内容说明
- ⓬ 寄件人签名
- ⓭ 物品价值
- ⓮ 物品来源国
- ⓯ 净重
- ⓰ 总重
- ⓱ 收件人姓名
- ⓲ 收件人地址
- ⓳ 收件人电话／传真
- ⓴ 收件人电子邮件
- ㉑ 收件人城市
- ㉒ 收件地州／省份
- ㉓ 收件地国名
- ㉔ 收件地邮政区号
- ㉕ 挂号邮寄勾选处

如何寄明信片

如果要买邮票，不一定要到邮局买，也可到标有T字号的Tabacchi买；甚至如果你只是寄明信片，还可直接告知邮寄国家，Tabacchi老板会帮你查询所需邮资。贴好邮票后，投入邮筒，即可从意大利寄回中国，时间需1～2个星期。明信片一般寄件费用是€1.60。

国际信件大都要称重，建议还是去邮局寄比较方便。

若有这个标志，就表示可在这家店买邮票寄明信片

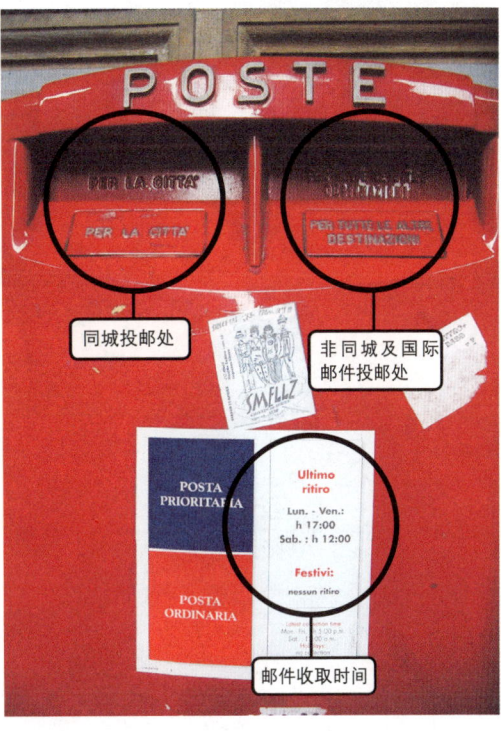

同城投邮处

非同城及国际邮件投邮处

邮件收取时间

通信篇

应用意大利文 ABC

 电话用语

Tessera telefonica per telefono pubblico
公共电话卡

Dove c'e' un telefono pubbulico?
哪里有公共电话？

Vorrei una carta telefonica internazionale da 5 euro.
我想买一张5欧元的国际电话卡。

Mi puo' aiutare a fare questo numero?
你可以帮我打这个电话吗？

Vorrei attivare un prepagato.
我想买1个预付电话号码。

Avete ricariche Tim / Wind / Vodaphone per cellulare?
这里有卖Tim / Wind / Vodaphone的预付卡吗？

Da €10/ 30?
我要€10 / 30的卡。

Mi puo aiutare a attivarlo?
你可以帮我设定吗？

 上网用语

Dov'e' un centro internet?
哪里有上网中心？

Quanto costa all'ora?
1小时多少钱？

Si puo' stampare?
可以打印吗？

 邮寄用语

Pacco celere Internazionale
国际包裹

Via aerea (airmail)
国际航空信

Posta prioritaria
快捷信

Raccomandata / Assicurata
挂号信

Posta celere (CAI Post)
国内邮局快递

Dov'e' l'ufficio postale?
请问邮局 / 邮筒在哪里？

Dove posso imbucare la lettera?
哪里可以寄信？

Vorrei comprare una scatola per spedizioni.
我想买寄包裹用的纸箱。

Quanto costa spedire questo in China?
寄到中国要多少钱？

Vorrei comprare i francobolli per spedire questo.
我想买邮票寄明信片。

开始在意大利
自助旅行

应变篇
Emergencies

在意大利旅行，发生紧急状况怎么办？

出门在外，总有遇到不测风云的可能，可能生病了，也可能丢掉东西；甚至，也不能忽略"内急"这种紧急事件。本章告诉你遇到各种紧急状况，该怎么处理。

意大利治安现状	134
财物、证件遗失怎么办	135
现金被偷怎么办	135
护照遗失怎么办	135
旅行支票、信用卡、机票遗失怎么办	136
生病或发生意外怎么办	137
内急，想上厕所怎么办	138
小街头大发现！	139
应用意大利文ＡＢＣ	139
救命小纸条	140
意大利的奇妙景象	141
背包客讨论区Q&A	142

意大利治安现状

意大利的游客很多，游客多的地方小偷生意就比较好，一般来说，意大利偷窃问题比较严重，除了那波利偶尔会有汽车抢劫外，其他地区的治安都还算好。意大利人晚上很喜欢出门晃晃，所以夜间出门一般都还算安全。不过，建议尽量将重要物品放在旅馆，而且不要走人烟稀少的小巷道。

在国外旅行，没有什么事情是无法解决的。遇到意外事件时，要先镇定，护照丢了找办事处补办；钱丢了，可立刻请家人利用汇款服务，当天就可拿到钱，或是请办事处帮忙。无论如何都有办法回中国，不要太慌张，人身安全才是最重要的。

拖行李时，常是小偷下手的时机，记得拿好贵重物品

迷路了怎么办？

1. 找警察局

意大利的警察局分为一般警察（Polizia）及宪兵警察（Carabinieri），差别只在所属单位不同而已，有问题时，两种警察都可找。重要景点附近都可看到警察的身影。

2. 找旅游咨询中心

各城市的火车站或市中心都设有旅游咨询中心，标示为"i"，迷路可问它们并索取市区地图。

3. 找旅馆或咖啡馆

意大利旅馆及咖啡馆随处可见，迷路时，可请任何一家旅馆的柜台人员（尤其是4～5星级旅馆）协助。

遇到紧急状况怎么办？

1. 打电话报警

出现紧急状况时可直接用公共电话拨打113报警或118叫救护车，不需投币。

2. 找警察局

可找警察局Polizia或宪兵警察Carabinieri，在大火车站、机场及市区都可找到。

3. 找咖啡馆

意大利各街角的咖啡馆也是最佳的紧急求助所之一。例如有人跟踪时，就可以赶紧跑进咖啡馆，告知老板这样的情况，请求协助。意大利咖啡馆老板的角色，有点像该区的区长。

4. 找中国驻意大利使领馆

重大问题可以寻求中国驻意大利使领馆协助解决。

中国驻意大利大使馆
地址：Via Bruxelles, 56, 00198 Rome
电话：06-96524266
网站：it.chineseembassy.org

中国驻米兰总领事馆
地址：VIA BENACO, 4-20139 MILAN
网站：milano.china-consulate.org
电话：02-36530030

中国驻佛罗伦萨总领事馆
地址：Via Dei Della Robbia, 89 -50132 Firenze
网站：firenze.chineseconsulate.org
电话：055-573889

＊以上资料时有变动，出发前请再次确认。

财物、证件遗失怎么办？

现金被偷怎么办？

如果所有的钱都被偷了，在当地又没有朋友，该怎么继续接下来的行程呢？以下提供两个应变办法：

1. Western Union汇款服务

请家人到Western Union服务处代理点，汇款后告诉你密码，之后你只要持护照并告知密码，即可立即拿到汇款。没有意外的话，几个小时内就可拿到钱。欲知Western Union汇款服务详情，请登录其网站（www.westernunion-cn.com）查询。

2. 到中国驻意大利使领馆寻求帮助

如果你人在罗马，可到中国驻意大利大使馆(罗马)，请领事处的人帮忙。

护照遗失怎么办？

重要证件最好分别放在不同的地方，这样能降低所有证件都被偷的风险。护照不慎丢了该怎么办：

1. 向当地警察报案

向当地警察报案，并取得报案证明(Police Report)。

2. 到中国驻意大利大使馆补办

前往中国驻意大利大使馆申请补发护照。

证件资料保存小提醒

出国前，一定要把护照、签证、机票、信用卡(记下信用卡卡号)、旅行支票(记下旅行支票号码)复印两份，一份留给亲友，另一份与正本分开放，携带出国。如果任何证件遗失了，可直接拿出复印本办理挂失。

⁉ 防窃、防骗有绝招

- 吉普赛人会三五成群出现在游客较多的地方，有些会手持报纸或抱婴儿遮掩，再下手偷窃。遇到这种情形，大声喊"VIA"（滚开）或"Polizia"（警察）。
- 大教堂或广场前，有些卖鸽子饲料的小贩会直接将饲料塞给你，等你喂了以后再跟你要钱。
- 拥挤的公共交通运输工具(如公交车、电车、地铁)才是小偷下手的地点。上车时若发现有人故意挡在门口不动，而且后面有人硬挤时，请提高警惕，包包不要背在后面。如果遇到这种情况，最好改搭下班车、暂时离开现场。搭乘罗马的64路公交车时要特别注意。上车时有座位就赶快坐下，手可放在包包上面，让小偷知道你已经提高警惕提防。
- 在意大利开车旅游，下车时请收好车内的行李及随身物品，绝对不可将包包放在车内，窃贼有可能打破车窗，窃取车内物品。即使是放在后面的行李箱，也有被撬开的可能。开车途中，倘突然有陌生人向你示意停车，并伴称车子有问题(如车胎破了)，此时应提高警惕。
- 南意有时会传出歹徒骑摩托车抢劫包包的事件，建议背斜肩式包包，并尽量不要单独行动。如果真的遇抢，千万不要逞强，人身安全最重要。
- 会有假警察借搜身之名行窃，一般警察很少会这么做。

旅行支票遗失怎么办？

出国前，请务必记下旅行支票的序号，并将支票与合约背书分开放。若不小心遗失旅行支票，有以下处理步骤：

1. 打电话或找银行挂失

拨打购买旅行支票时拿到的联络资料。若是VISA，则必须找花旗银行；若是Master Card，则找托马斯库克旅游公司(Thomas Cook)；American Express直接找它们当地的服务点。通常购买合约背书都有全球挂失止付电话及详细说明，可依照指示进行支票补发。

2. 办理补发

携带护照、购买支票的税单、还没用的支票序号，到当地办事处办理止付，现场即可补发支票。如果当地无法补发，回国后，请携带购买凭据及挂失证明，前往原购买银行申请补发。

旅行支票遗失这里办

各家旅行支票意大利挂失电话
Visa：800 874 155
American Express：800 914 912

＊以上资料时有变动，出发前请再次确认。

信用卡遗失怎么办？

信用卡若不慎遗失，有两道挂失手续，可简单办理：

1. 打电话或找银行挂失

立即打电话到发卡银行挂失，或打回家请家人帮忙挂失，时间拖得越长，被盗刷的机会越大。如果身上没有零钱，可使用免付费电话。

请注意：出国前最好先记下信用卡卡号，以方便挂失运作。

2. 办理补发

挂失信用卡后，如果还需要用钱，可以问银行是否可在当地银行申请补发，否则回国后再申请补发新卡。**请注意**：若请国内银行补寄信用卡到国外，需告知邮寄地址，而且至少需要一周的时间。

信用卡遗失这里办

各家信用卡意大利挂失电话
Master卡：800 870 866
Visa卡：800 819 014
American Express卡：800 914 912

＊以上资料时有变动，出发前请再次确认。

机票遗失怎么办？

补办机票要加收手续费，退费也需扣手续费，因此请小心保管机票。机票万一遗失该怎么办呢？

1. 打电话或找航空公司挂失

联系搭乘航空公司的当地办事处，登记挂失，并索取一份机票遗失证明(Lost Ticket Form)，记得自己要留存一份复印本。

2. 办理补发

请航空公司补发机票。航空公司一般会请旅客重新买票(称为替代机票)、付款，回国后再办理退票、退费手续。**请注意**：现在多为电子机票，遗失只要自行印一张即可。

各航空公司服务电话

中国国航 06-8552249／(罗马)
　　　　 02-8051666(米兰)
东方航空 06-420 470 888(罗马)
国泰航空 06-659527800／199 747 340(罗马)
荷兰航空 199 414 199
泰国航空 06-47813304／3329(罗马)
意大利航空 06-2222(罗马)
新加坡航空 06-47855360(罗马)／02-7772921(米兰)
马来西亚航空 06-42014371(罗马)／02-457257(米兰)

＊以上资料时有变动，出发前请再次确认。

生病或发生意外怎么办？

生病时怎么办？

在国外旅行，生病时，如果是小病可以到药房买成药，方法跟中国一样，向药房的药剂师叙述病症，即可购买一些小药品；如果是急症，则可打电话叫救护车，或询问旅馆的人，要怎么到最近的医院挂急诊。重要的观光景点附近，也都会有救护车待命。

请注意：如果在国外看医生，要记得请医生开立证明及收据，回国后，全民医保可给付海外诊疗医药费。

发生意外怎么办？

在国外，中国驻当地使领馆，就像是中国人在国外的家，如果遇到一些意外事件，都可请使领馆的人帮忙。

此外，出国前请先记下保险公司及信用卡的海外急难救助电话。

实用求救App

Help My Friend：iOS及Android系统。只要事先储存求助对象，发生车子抛锚或任何危险事件需要求助，按SOS或Alert按键，程序就会自动传送你的正确地址给你的朋友，也可联系紧急救助单位。

遇到火灾怎么办？

如遇到火灾，尽快寻找"**Uscita**"出口离开，消防救灾电话为115。

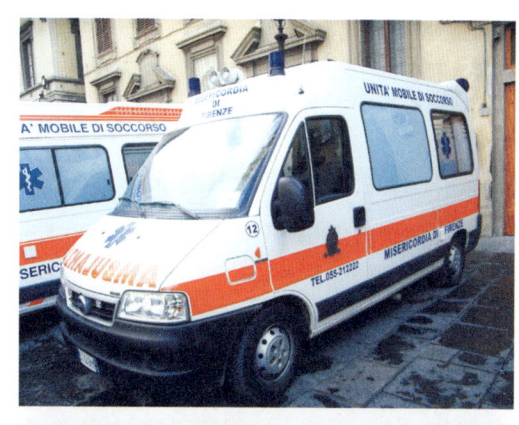

医院的标志为国际通用的红色十字，而药房标志则为绿色十字

意大利重要电话看这里

地区警察113	宪兵警察112
消防队115	救护车118

＊以上资料时有变动，出发前请再次确认。

内急，想上厕所怎么办？

想上厕所，也是一种紧急事件，不妨先了解一下意大利在如厕这方面的风俗民情，才不会到了当地很难适应。

意大利付费公共厕所

到火车站内使用公共厕所大都需要付€0.5～1，一些重要景点也设有流动式公共厕所。

若有这个标志，表示那里的水不能生饮

意大利免费公共厕所

如果去咖啡馆喝咖啡、饮料，一定要把握时间顺便上个厕所；或是到大卖场、百货公司、大型超市、书店时，也可以趁机借用厕所。**请注意：**意大利虽然教堂很多，但都未设公厕，跟中国的庙宇不太一样喔！

如何使用厕所

如厕后，请将卫生纸直接冲入马桶，不丢进垃圾桶。上完厕所洗手时，有些咖啡馆内的洗手台，是设在地上或墙角的脚踏式水龙头，不用手开水龙头，很符合卫生概念的。洗完手，洗手台旁边设有拉卷式擦手布。

走在路上，看到这样的标志，表示该方向有公共厕所

意大利公共场所的洗手盆，大都以脚踏出水，颇为卫生

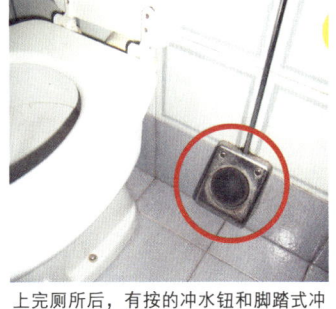

上完厕所后，有按的冲水钮和脚踏式冲水钮两种

有盖子的那个是马桶。较低、无盖的，则是冬天不洗澡时，用来清洗重要部位的盆子

很多旅馆是这种固定式吹风机，拿起后按住手把按钮即可使用

许多观光景点也设有流动厕所

Traveling in Italy

应变篇

坏掉公告
Fuori Servizio表示坏掉的意思，还很常看到的，尤其是车票的自动出售机。

老城石板路
意大利许多古城都是这样的石板路，拖行李时总是不甘寂寞地直哼着意大利小调。

银行万重山
进意大利银行要通过重重关卡，一次只能一人进出。

应用意大利文 ABC

应变用语

Numero del travel cheque／旅行支票号码
Al ladro!／抢劫！
Aiuto!／救命！
Vomito／呕吐
Diarrea／拉肚子
Ospedale／医院
Chiamate la polizia.
请帮我叫警察。
Dov'e' la stazione di polizia piu' vicina?
最近的警察局在哪里？
Ho perso i documenti／biglietto aereo／travel cheque.
我的护照／旅行支票掉了。
Ho perso il portafoglio／la borsa.
我的皮包掉了。

Mi hanno derubato.
我的东西被抢／偷了。
Vorrei fare una denuncia.
可以给我一份失窃证明吗？
Sono ferito／mi sento male, chiamate un'ambulanza.
我受伤／生病了，帮我叫救护车。
Dov'e' la farmacia?
哪里有药房？
Mal di pancia／testa.
我肚子痛／头痛。
Vorrei andare al pronto soccorso.
我要挂急诊。
Dov'e' il toilet?
厕所在哪里？
Posso usare il toilet／bagno?
我可以使用厕所吗？

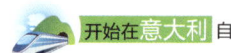

救命小纸条

个人紧急联络卡
Personal Emergency Contact Information

姓名Name：

年龄Age：

血型Blood Type：

护照号码Passport No：

信用卡号码：

海外挂失电话：

旅行支票号码：

海外挂失电话：

航空公司海外电话：

紧急联络人Emergency Contact (1)：

联络电话Tel：

紧急联络人Emergency Contact (2)：

联络电话Tel：

中国地址Home Add：(英文地址，填写退税单时需要)

投宿旅馆：

旅馆电话：

其他备注：

意大利重要电话号码
医疗急救 118／报警 113、112／
消防 115／欧洲紧急救助 112

意大利时尚咖啡馆

Gucci Caffé
米兰地区近来相当流行时尚咖啡馆，其中以Gucci、Trussardi、Armani开设的咖啡馆最受欢迎

Armani Caffé
Armani旗舰店内的Aramani Caffe'是米兰帅哥美女最爱的时尚咖啡馆

Corso Como 10
米兰的时尚名品圣殿Corso di Como 10，其附设咖啡馆呈现出最前卫的流行设计感

意大利的奇妙景象

意大利人吞云吐雾，请称之为吸烟者的天堂！ 这是威尼斯的烟蒂盒，超安全的，真是防火做到家了！意大利街头随处可见手拿着烟边走边抽的人，而且烟蒂还会随时丢在马路边（晚上或早上或有清扫车吸走垃圾）。

教堂周末结婚去，请称意大利浪漫国度！ 意大利人中，虽然有一群人不喜欢结婚，只喜欢以同居的方式相处，但整体来说，意大利人的结婚率还是很高的，尤其是南部地区。只要周末到教堂晃晃，通常都会遇到结婚典礼，教堂也会布置得很漂亮喔！新人走出来时，亲友们会热情地撒米祝福。

高速公路收费站小贩！ 在庞贝附近的高速公路收费站，有小贩在收费站前兜售玩具。

涂鸦满街是，请给年轻人自由的涂鸦权！ 意大利年轻人很喜欢喷漆涂鸦，许多商店铁门、火车车厢、火车轨道旁的墙壁等，都可看到年轻人的创意。

《罗马假日》男女主角骑的伟士牌摩托车！ 意大利境内也有许多伟士牌摩托车。

在意大利看电影，中场要休息！ 意大利人耐久性不佳，所以2～3小时的电影都要中场休息。电影演到一半时突然暗掉，不要惊讶，是让你出去上厕所、抽根烟。

我家门前有座桥！ 威尼斯的许多人家，都有自己的桥梁连接到家门口。

车辆禁入威尼斯！ 威尼斯这个城市是由桥梁连接而成，车辆无法行驶其中。

背包客讨论区 Q&A

Q1

常听说意大利有很多小偷或抢劫案，意大利自助游到底安不安全？

虽然罗马等大城市常有偷窃案件，但明目张胆地抢劫倒是较少见（因为小偷技术太好，不需来明的）。意大利几乎是一年到头游客都很多，重要景点附近也有警察，只要不走夜巷或到较偏僻的地方，并不需要太过担心。在南部开车，晚上一定要把车停放在有人管理的停车场或旅馆所提供的停车场。

Q2

一个人到意大利旅行时，需要注意哪些事情？

一个人到意大利自助旅行，也算是安全的。很推荐个人旅行住在青年旅馆，可以跟同宿的结伴出游，尤其是晚上可以一起出去吃晚餐。搭夜火车时，女生可订女性车厢，睡得比较安稳。车厢内都有内锁，睡觉时记得锁上就没什么问题，若有任何问题每个车厢也都有随车人员。

Q3

到意大利需要购买火车Pass吗？持意大利火车Pass可以到法国、瑞士或其他国家吗？

不行，只能在意大利境内。若是要到其他国家可买双国火车Pass或者多国Europe Pass。

Q4

意大利最适合何时去？

意大利气候一年四季分明，各有美景风情。夏季虽然活动较多，但天气相当炎热，且游客很多，到哪里都要排队。建议可选择5～6月或9～10月拜访意大利，气候较凉爽，人潮较少，费用也较便宜。

Q5

意大利除了经典城市之外，还有什么比较有趣的主题呢？

除了经典大城市可看艺术之外，一些小镇也很可爱，可以充分感受意大利生活。而以美食著称的意大利，若是以美食为主题的话，更是有趣又可直触意大利精华之所在。若想体验意大利人强烈的个性与友善，那么西西里岛与那波利、普利亚地区，绝对是最佳选择。（请参见行程规划p.100）

Q6

意大利到底适不适合自己开车旅行？

若是全家或多人一起旅行的话，可以提前在网上订车，尤其可选Metano天然气车，会比较省钱。行李又可全部放在车上，免除拖行李之苦。只是要熟悉手排车驾驶，再加上意大利的地形上上下下的，有些路又很狭窄，有点技术挑战。